# 非常规油气资源勘探开发的
# 投资决策优化方法和应用研究

孙金凤　著

科 学 出 版 社
北 京

# 内 容 简 介

本书结合非常规油气资源勘探开发投资决策过程特点，根据分层递阶控制思想和结构化分析方法而提出的分层递阶结构研究方法，把非常规油气资源勘探开发整体投资决策问题，划分为一系列相对独立又相互联系的序列投资决策子问题，并集成在一个系统框架内进行研究，从而促使勘探开发投资决策问题能够实现一体化集成研究。这克服了以往勘探和开发投资决策"两张皮"现象，为石油企业科学投资决策创造了条件，促进了投资决策整体优化和局部优化、长期目标和短期目标的协调统一，为解决非常规油气资源勘探开发投资决策难题探索新思路和新途径。

本书可供管理科学、石油工程管理等专业的学者或企业研究人员阅读，也可为各石油企业管理者提供决策参考建议。

## 图书在版编目（CIP）数据

非常规油气资源勘探开发的投资决策优化方法和应用研究/孙金凤著.
—北京：科学出版社，2018.4

ISBN 978-7-03-057088-8

Ⅰ. ①非… Ⅱ. ①孙… Ⅲ. ①油气勘探–石油投资–研究 ②油气开发–石油投资–研究 Ⅳ. ①F407.22

中国版本图书馆 CIP 数据核字（2018）第 062948 号

责任编辑：魏如萍/责任校对：贾伟娟
责任印制：吴兆东/封面设计：无极书装

*科学出版社* 出版
北京东黄城根北街 16 号
邮政编码：100717
http://www.sciencep.com

**北京京华虎彩印刷有限公司**印刷
科学出版社发行　各地新华书店经销

\*

2018 年 4 月第　一　版　开本：720×1000　1/16
2018 年 4 月第一次印刷　印张：9 1/2
字数：195 000

**定价：68.00 元**
（如有印装质量问题，我社负责调换）

# 前　言

　　非常规油气资源作为现实的可替代能源备受各国政府和企业的高度关注，对其进行勘探和开发对减少日益加大的石油供需矛盾和确保国家能源安全具有重大战略意义。然而，由于非常规油气资源的特殊性及复杂性，目前在常规油气中普遍采用的基于人工经验和静态的处理方法，已不能满足其勘探开发投资决策的动态性、复杂性和不确定性，决策方案的科学性和有效性亟待加强。针对非常规油气资源勘探开发投资决策这一难题，以提高投资决策方案的科学性、动态性和实用性为目标，运用石油工程管理、运筹学及决策科学等领域相关理论与方法，按照"非常规油气资源勘探开发投资决策复杂性分析→投资决策优化模型构建→复杂优化模型求解→投资决策方案生成"这一研究思路，本书主要内容如下。

　　一是非常规油气资源勘探开发投资决策过程及其复杂性分析。剖析非常规油气资源勘探开发投资决策过程，并总结提炼呈现的结构特征，结合非常规油气资源特殊性，深入分析其投资决策问题的多阶段、多目标、多属性及不确定性等复杂性影响因素，为非常规油气资源勘探开发投资决策问题的形式化表达奠定基础。

　　二是非常规油气资源勘探和开发的投资决策优化模型。简化非常规油气资源勘探开发投资决策问题，并研究投资决策问题的形式化表达方法，依据勘探开发序列投资的分层递阶结构特点，建立多目标动态优化模型以确定勘探活动和开发活动的投资规模，建立不确定条件下的动态多属性决策模型以指明勘探投资的方向和优先次序，并依据不同石油企业的目标需求，分别建立开发投资的多阶段多目标决策优化模型和开发投资组合的多阶段决策优化模型，从而辅助石油企业优化非常规油气上游业务的战略投资决策。

　　三是非常规油气资源勘探开发投资决策优化模型的求解方法。非常规油气资源勘探开发整体投资属于多阶段、多目标、多属性的优化决策问题，模型十分复杂，求解困难，本书根据分层递阶决策问题的逻辑结构求解方法，把整体复杂的数学模型问题简化为序列子问题的数学模型进行求解，依据所求解子问题优先级的先后次序，引入序贯式算法的求解思路，并利用改进的动态规划逆序解法进行决策优化模型的依次求解。

　　四是非常规油气资源勘探开发投资决策优化方法应用研究。针对某石油企业进行非常规油气资源勘探开发投资决策问题，运用本书构建的非常规油气资源勘探开发投资决策优化模型和算法，完成该问题从复杂性分析、模型构建与求解到决策方案生成的处理过程，对本书所构建模型和求解方法的可行性和有效性进行验证，并在计算机中加以实现，同时根据应用情况给出非常规油气资源勘探开发投资决策建议。

五是非常规油气资源开发投资决策仿真模型（以页岩气为例）及其生态预警系统研究。针对页岩气开发投资决策的复杂性和不确定性，本书构建页岩气开发投资决策仿真模型以便于石油企业投资决策者能够在仿真模拟环境下根据内外部环境的变化动态调整投资决策方案。另外，结合非常规油气资源开发需要解决的生态环境问题，设计生态环境预警指标体系并构建预警模型，希望能促进非常规油气资源开发与生态环境的和谐发展。

本书应用新的理论和方法，结合非常规油气资源勘探开发的特殊性来解决其勘探开发投资决策问题。利用分解-协调思想，将动态规划、多属性决策、多目标优化决策和投资组合理论相结合，首先建立勘探开发投资各子问题的数学模型以进行各层次决策问题的优化，然后通过协调作用实现投资决策问题的整体优化，即"合零为整"，最后利用递阶决策问题的逻辑结构求解方法，根据所求解子问题优先级的先后次序依次进行模型求解，使复杂的数学模型转化为层层递进的相对简单的决策子问题模型进行求解，得以"化整为零"，为解决非常规油气资源勘探开发投资决策难题探索新思路和新途径。

感谢长江学者特聘教授、国家杰出青年基金获得者、大连理工大学胡祥培教授的悉心指导，他为本书最终完成提出了宝贵意见。

孙金凤

2017 年 12 月

# 目　　录

# 第 1 章　非常规油气资源类型及其分布情况

本章在对我国石油对外依存度的分析基础之上，阐述我国非常规油气资源的勘探开发背景和重要性，对非常规油气资源类型如油砂、超重油、页岩气、煤层气和致密气等的基本概念、分类及各自的属性特征进行剖析，并分析和综述全球和我国非常规油气资源的分布情况，指明非常规油气资源勘探开发投资时面临的投资决策问题及本书重点解决的相关内容。

## 1.1　非常规油气资源勘探开发背景

石油被许多专家和学者称为"工业的血液""黑色的金子"，是关系国家经济发展和能源安全的重要战略物资。石油对外依存度是指一个国家石油净进口量占本国石油消费量的比例，比值的大小用来描述石油安全的程度，一般把 50% 作为石油安全能源警戒线。中国自 1993 年成为石油净进口国以来，石油对外依存度不断上升，具体如图 1.1 所示。

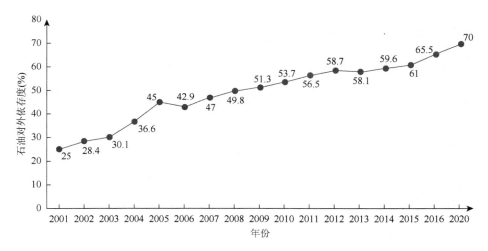

图 1.1　中国 2001～2020 年石油对外依存度

资料来源：中国能源统计年鉴

从图 1.1 可以看出，我国石油对外依存度日益上升，2009 年开始就已超过石油安全能源警戒线 50%，2016 年高达 65.5%，且根据国内经济发展形势，有关专家预测，对外依存度仍会加剧上升，到 2020 年将超过 70%，严重威胁国家能源安全。主要原因在于：①石油供应呈下降趋势。常规石油资源开采难度日益加大、现有油田日益老化，产量降低且品质下降，难以再发现大的油气田。②石油消费需求不断上升。国民经济、工业、交通运输业等的快速发展使石油消费需求日益上升，年增幅达 4%。③"马六甲困局"。我国进口石油的 60%～80%都经过海上"咽喉"通道马六甲海峡、霍尔木兹海峡，而"咽喉"通道海盗猖獗，政局极为不稳。在常规石油资源日益短缺、供需矛盾日益加剧的形势下，开发、应用非常规油气资源具有重要的战略意义。

在常规石油资源日益短缺、供需矛盾日益加剧、石油对外依存度不断上升的形势下，非常规油气资源作为最现实的接替能源，其勘探和开发对确保国家能源安全具有重要的战略意义。2011 年，由中国工程院原院长徐匡迪领衔，国内油气领域知名专家邱中建、黄其励、康玉柱、童晓光、周守为、翟光明、韩大匡等 14 名院士联名上书国务院，建议国家重视非常规油气资源的勘探开发，随后，温家宝和李克强均做出重要批示支持其勘探开发。2011 年 7 月页岩气首度招投标，2011 年 12 月，国务院批准页岩气为我国一个新的独立矿种并进行管理，开启了我国非常规油气资源开发的时代，有效弥补了常规石油资源日益短缺，并缓解了供需矛盾，同时可有效降低对外依存度，提升国家能源安全。康玉柱院士[1]明确指出非常规油气资源潜力巨大，从我国非常规油气资源储量和产量来看，虽然我国已进入世界油气生产大国行列，但原油对外依存度仍逐年攀升，非常规油气必将成为我国油气资源开发的重要接替领域。非常规油气资源的勘探开发虽然风险极高、投资巨大，但以页岩气为例，一旦获取工业流之后，其成本投资回收期非常短，单井产量虽低但稳产周期长，企业越早进入越能抢占先机并有利于业务的开拓和转型，因此，非常规油气资源开发依然具有很大的诱惑力。并且，培育和发展非常规油气资源作为我国未来接续发展方向，已势在必行，其成功开发对整个国家油气资源供应和接替能力及能源安全保障均具有重要的战略意义。

非常规油气主要是指在现今经济、技术条件下，利用常规技术无法进行规模化和经济化开采的资源，水平井、分段压裂及井工厂模式等先进"井工厂"技术的出现是页岩油气等非常规油气资源成功开发的关键，进入 21 世纪之后，这些技术得到了大规模的应用，促进了非常规油气资源的快速发展。其中，全球非常规油气资源发展较好的是美国的页岩油气、加拿大的油砂和委内瑞拉的超重油。而在其他国家，非常规油气资源的勘探开发起步较晚，多处于初级阶段，更多的是在进行非常规油气资源的评估以摸清"家底儿"，并通过勘探的持续深入掌握不同区域非常规油气资源的属性特征，再根据内外部环境条件变化进行发展潜力和发展前景的分析，之后才能采用各种有效的决策方法制定科学合理的勘探开发投资方案，从而有效促使非常规油气资源开发的规模化和产业化。因此，本书主要考虑石油企业在不确定动态环境下的非常规油气资源勘探开发投资决策问题，针对不同阶段非常规油气勘探开发投资决策及其复杂性，利用相关理论和方法进行决策问题的形式化表述，从而尽快促使非常规油气资源的商业化和产业化开发。

## 1.2　非常规油气资源类型及其属性特征

美国早期区分常规和非常规油气资源的主要依据是油气资源的经济性[2]。非常规油气资源主要是指那些在当前油价和使用常规技术无法进行经济开采的资源，可分为非常规石油及非常规天然气，前者主要是指页岩油、油砂油和超重油资源，后者则主要是指致密气、页岩气及煤层气等，具体划分可见表 1.1。

表 1.1　非常规油气资源分类

| 分类依据 | 类型 | | 种类 | 特征 |
|---|---|---|---|---|
| 储层类型 | 致密型 | 致密砂岩 | 致密砂岩油气 | 储层为致密砂岩，油气为近源生储 |
| | | 致密碳酸盐岩 | 致密碳酸盐岩油气 | 储层为致密碳酸盐岩，油气为近源生储 |
| | | 页岩 | 页岩气 | 储层为页岩，油气为自生自储 |
| | 煤层 | | 煤层气 | 储层为煤层，天然气为自生自储 |
| 相态 | 气态 | | 致密气、煤层气、页岩气 | 非常规天然气 |
| | 液态 | | 致密油、超重油 | 非常规石油 |
| | 固态 | | 油砂 | 非常规油气 |
| 油气分布或圈闭类型 | 连续型 | | 煤层气、页岩气、天然气水合物 | 油气藏呈连续分布，多属于自生自储类型，储层物性差 |
| | 准连续型 | | 致密油气 | 油气藏呈准连续分布，储层为致密砂岩或碳酸盐岩，主要为近源储集型 |
| | 不连续型 | | 大部分油砂、稠油 | 油气藏呈非连续分布，储层为常规储层，部分致密层也属此类，油气多为远源储集型 |

资料来源：赵靖舟. 非常规油气有关概念、分类及资源潜力[J]. 天然气地球科学，2012，23（3）：393-406

### 1.2.1　非常规石油资源类型

非常规石油资源主要是指页岩油、致密油、油砂油和超重油资源。

#### 1. 页岩油和致密油

目前不同机构和学者对于页岩油（shale oil）和致密油（tight oil）的涵义有着不同的理解，但基本共识是[3]：页岩油是指储存于富有机质、纳米级孔径为主的页岩地层中的成熟石油，通常是由处理过的油页岩人工合成而来的，属于合成的常规石油。致密油和广义的页岩油一致，储层致密、渗透性极差，用常规的技术不能实现经济开发，需要利用水平钻井和分段水力压裂等技术才能开采，美国能源信息署（Energy Information Administration，EIA）因致密油也是来自于页岩地层且开采方法与页岩气相同，故也称其为页岩油。而在中国，页岩油气一般是指致密油和页岩气资源。

**2. 油砂油**

油砂（oil sand）也称作焦油砂（tar sand）或沥青砂（bitumen），是主要由砂粒或岩石、沥青、黏土和水组成的混合物。油砂油是指从油砂矿中开采出来的或直接从油砂中提炼出来的未处理的石油，也称为天然沥青或沥青砂油[4]，API 重度（American Petroleum Institute gravity，API gravity）小于 10，和超重油一样，但是比超重油黏度更大，通常大于 10 000cP（1cP = $10^{-3}$Pa·s）[5]，主要的开采方式有就地开采和露天开采两种。

**3. 超重油**

超重油（extra-heavy oil）是原油中的一种，是 API 重度小于 10 及黏度小于 10 000cP 的碳氢化合物[6]。相对于传统的轻质原油来说，由于超重油黏度高、密度大且硫、酸等含量较高，超重油的勘探、开采和炼制都需要投入较多的资金。但相对于页岩油和油砂油而言，超重油算是勘探开发最早、开发利用程度最高且投资相对较低的一种非常规石油资源[4]。

## 1.2.2 非常规天然气资源类型

非常规天然气资源主要是指致密气、页岩气及煤层气等。

**1. 致密气**

致密砂岩气（tight sandstone gas）简称致密气（tight gas），是指聚集在渗透率小于或等于 0.1mD（1D = 0.986 923×$10^{-12}$m²）的致密砂岩储层中的天然气，储层表现为较强的非均质性和不连续性。对于致密气而言，一般情况下，单井没有自然产能或者自然产能低于工业气流下限，但在一定经济条件和技术措施下，如压裂、水平井、多分支井等则可获得工业天然气产量[7]。

**2. 页岩气**

页岩气（shale gas）是一种以游离或吸附状态藏身于页岩层或泥岩层中的非常规天然气。最简单的定义就是：页岩气是还保留在生油岩层中的天然气，为典型的原地成藏模式。与油页岩、油砂等差别较大，页岩既是页岩气生成的源岩，也是聚集和保存页岩气的储层和盖层[8]。

### 3. 煤层气

煤层气（coalbed methane）是形成于煤层又储集在煤层中的一种自生自储的天然气，是与煤伴生、共生的非常规天然气资源，但也不排除非煤源岩气体进入煤层的可能性。具体关于煤层气的生产过程的描述有不少假想的理论和模型，目前常用的主要有双重及三重孔隙模型[8]，得出的结果略有差异。

## 1.2.3　非常规油气资源属性特征

自 1979 年 Masters 提出资源三角图展现不同级别的资源量以来[9]，许多专家和学者就开始利用此三角形来描述矿产资源量，其中 Holditch[10]与 Snyder 和 Seale[11]就对此进行了扩展，形成常规与非常规油气资源三角形，如图 1.2 所示。

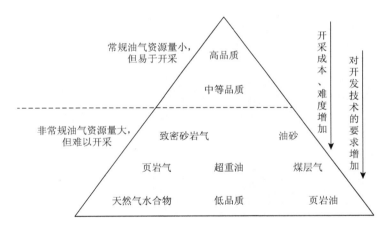

图 1.2　常规与非常规油气资源三角形

和常规油气资源相比，非常规油气资源虽然资源量更丰富，但其勘探开发过程却十分复杂，主要原因在于非常规油气资源具有密度高（API 重度通常小于22，常规原油即轻质原油的 API 重度通常大于 22）、黏度大、埋藏深、流动性差等特点[12-16]。常规油气储藏的品质一般较高且渗透率也高，只要做好生产布局，通过打垂直井就能进行商业化生产，不需要特别的激励措施。然而非常规油气储藏则不然，它们是低品位的储藏，这种低品质主要是由低渗透和高黏度资源属性造成的，因此，必须采取各种措施加以刺激才能得以实现商业化开发。低渗透储藏如致密油、致密气、页岩气或煤层气等，大多数情况下都需要长距离的水平井及多阶段压裂技术的刺激才能够生产[17]，这使开采成本增加、开采难度加大，同时环境破坏力度更大[18]。超重油和油砂油是世界上最重要的两种非常规石油资源，但都属于高密度、高黏度、高沥青质、高残碳、高金属、高硫的劣质原油[19]，这给勘探开发带来很大的困难。另外，这些非常规油气资源分布区域广且连续、埋藏深浅不一等特点使非常规油气资源开采方式和技术要求与常规油气资源都有所不同[20-29]，并且，非常规油气资源储量和其商业价值开发潜力并不成正比，这些都使非常规油气资源勘探开发过程中面临的复杂性和不确定性大，使勘探开发复杂程度更高，投资决策难度更大[30, 31]。

尽管如此，在常规油气资源供应日益短缺的情况下，非常规油气资源勘探开发依然被各国提上重要日程。值得庆幸的是，大部分产气的页岩分布范围广、厚度大且普遍含气，这使页岩气开发具有较长的开采生命周期且产气速率比较稳定，为非常规油气资源的产业化和商业化开发提供了基础条件保障。

## 1.3  非常规油气资源分布情况综述

### 1.3.1  全球非常规油气资源分布情况

全球非常规油气资源量与常规油气资源量比例约为 8∶2，其中非常规石油资源量与常规石油资源量大致相当，非常规天然气资源量约是常规天然气资源量的 8 倍[32]。2014 年，全球的石油产量为 42 亿 t，其中非常规石油占了 10%，超过 4 亿 t；天然气产量是 3.5 万亿 m$^3$，其中非常规天然气占了 13.6%。然而，非常规油气资源分布极为不均衡，主要集中在少数几个地区，如美国、加拿大、委内瑞拉及中国等。具体全球非常规油气资源量及其分布区域如表 1.2 和表 1.3 所示。

表 1.2  全球非常规石油资源量及其分布区域　　　　单位：亿 t

| 地区 | 致密油 | 超重油 | 天然沥青 | 页岩油 | 可采资源总量 |
|---|---|---|---|---|---|
| 北美 | 109.1 | 53.5 | 870.3 | 1011.1 | 2044.0 |
| 南美 | 81.4 | 823.5 | 0.2 | 39.1 | 944.2 |
| 非洲 | 58.5 | 10.9 | 70.5 | 77.7 | 217.6 |
| 欧洲 | 19.5 | 7.4 | 0.3 | 56.3 | 83.5 |
| 中东 | 0.1 | 118.5 | 0.0 | 46.8 | 165.4 |
| 亚洲 | 100.8 | 44.8 | 70.2 | 152.1 | 367.9 |
| 俄罗斯 | 103.4 | 20.3 | 55.2 | 118.2 | 297.1 |
| 合计 | 472.8 | 1078.9 | 1066.7 | 1501.3 | 4119.7 |

资料来源：美国地质调查局（https://www.usgs.gov/）和美国能源部（https://www.energy.gov/）

表 1.3 全球非常规天然气资源量及其分布情况 单位：万亿 m$^3$

| 地区 | 致密气 | 煤层气 | 页岩气 | 可采资源总量 |
|---|---|---|---|---|
| 北美 | 38.8 | 85.4 | 108.8 | 233.0 |
| 拉丁美洲 | 36.6 | 1.1 | 59.9 | 97.6 |
| 欧洲 | 12.2 | 7.7 | 15.5 | 35.4 |
| 俄罗斯 | 25.5 | 112.0 | 17.7 | 155.2 |
| 中东和北非 | 23.3 | 0 | 72.2 | 95.5 |
| 撒哈拉以南非洲 | 22.2 | 1.1 | 7.8 | 31.1 |
| 亚太 | 51.0 | 48.8 | 174.3 | 274.1 |
| 合计 | 209.6 | 256.1 | 456.2 | 921.9 |

资料来源：Oil & Gas Journal on line

全球非常规石油资源的分布比较集中，主要分布在北美、南美和亚洲地区，如表 1.2 所示。根据世界能源理事会（World Energy Council，WEC）的研究报告可知[33]：世界上 85%的油砂资源分布在加拿大艾伯塔省，主要集中在阿萨巴斯克（Athabasca）、科尔德湖（Cold Lake）和皮斯河（Peace River）三个油砂区，面积分别达 430 万 hm$^2$、72.9 万 hm$^2$ 和 97.6 万 hm$^2$（1hm$^2$ = 0.01km$^2$），其原始地质资源量约有 17 000 亿桶天然沥青。在过去 20 年间，艾伯塔省北部的油砂矿开采行业吸引了 2000 亿加元的投资，现在已经达到日产 250 万桶石油的油砂矿开采规模，这些开采出的石油绝大部分出口到美国。接近 90%的超重油则主要分布在委内瑞拉东部盆地的奥里诺科石油带，它是世界上规模最大的超重油富集带，总面积为 54 000km$^2$，超重油地质储量约 2000 亿 t，可采储量约 500 亿 t。另外，油页岩主要分布在北美、亚洲和大洋洲等地区，约占全球油页岩资源量的 83%[34]。

对于非常规天然气而言，全球资源主要分布在北美、俄罗斯和亚太地区。2015年美国的天然气产量为 8400 亿 m$^3$，非常规天然气则占 4800 亿 m$^3$，其中致密气1670 亿 m$^3$、煤层气 480 亿 m$^3$、页岩气 2650 亿 m$^3$，美国已进入非常规油气开发时代[34]。致密气主要集中在北美洲和亚太地区，其中美国的落基山盆地群和加拿大的西加拿大盆地致密气资源最为丰富[35]，煤层气和页岩气资源则主要集中在俄罗斯和北美地区，亚太地区的页岩气资源也较为丰富，具体资源量及其分布情况如表 1.3 所示。

随着常规油气资源的快速消耗和新增油气资源勘探开发难度的不断加大，世界油气资源勘探开发格局发生重大变化，正在由传统的常规油气资源为主转为常规与非常规油气资源并重的局面。目前，全球基本形成了以中东地区为主的东半球"常规油气版图"和以美洲地区为核心的西半球"非常规油气版图"[36]。美国页岩气大规模的商业化开发，带动了全球非常规油气资源的勘探和开发，北美地区正在形成"非常规油气资源版图"，加拿大和委内瑞拉成为非常规油气发展的重点领域，中国也有望成为除北美地区以外开发页岩气最成功的国家。全球的能源格局正在发生变化，美国因为页岩气的成功开发而有望实现能源的自给自足。然而，由于世界许多地方对油页岩等资源并未进行全面调查和勘探，上述很多数据只是估测或推算出来的，尚不能真正反映非常规油气资源储量的真实情况，不同机构给出的各种数据差别也较为悬殊，但无论如何，结果都一致认同非常规油气资源量非常丰富。

## 1.3.2 中国非常规油气资源分布情况

中国非常规油气资源比常规油气资源丰富得多。据估算，中国非常规油气资源可采量为 890 亿～1260 亿 t，约是常规油气资源可采量的 3 倍[32]。其中，非常规石油资源可采量为 223 亿～263 亿 t，与常规石油资源大致相当；非常规天然气资源可采量为 84 万亿～125 万亿 m$^3$，是常规天然气资源可采量的 5 倍左右。其中页岩气、煤层气、致密气、致密油和油砂等资源开发利用潜力巨大[31-37]，具体资源量及其分布区域如表 1.4 所示。

表 1.4 中国非常规油气资源量及其分布区域

| 类型 | 地质资源量 | 技术可采资源量 | 主要分布区域 |
| --- | --- | --- | --- |
| 致密气/万亿 m$^3$ | 17.4～25.1 | 8.8～12.1 | 苏里格、子洲-米脂、广安、合川及徐深 |
| 页岩气/万亿 m$^3$ | 86～166 | 15～25 | 四川、重庆、贵州、安徽 |
| 煤层气/万亿 m$^3$ | 36.8 | 10.9 | 鄂尔多斯、沁水、渤海湾 |
| 致密油/亿 t | 74～80 | 20～25 | 四川川中 |
| 页岩油/亿 t | 476.44 | 120 | 松辽、鄂尔多斯和广东等 |
| 油砂/亿 t | 59.7 | 22.58 | 准噶尔、塔里木、柴达木、松辽和四川等 |
| 超重油/亿 t | 198 | 19 | 渤海湾、准噶尔等 |

注：表中体积单位对应非常规天然气资源，质量单位对应非常规石油资源

但中国非常规油气资源地质研究起步较晚，非常规油气的资源潜力目前还缺乏全面深入评估[2]，具体每种资源到底有多少还不清楚，且开发技术也相对落后，因此，在非常规油气资源勘探开发上急需新技术、新模式和新方法的突破。另外，尽管我国非常规油气资源十分丰富并且几乎遍布于各大含油气盆地，但我国非常规油气资源的区域分布也不完全均衡[1]。

我国页岩气资源潜力巨大，可采资源潜力居世界前列，油页岩资源多集中

在中东部和青藏地区，勘查开发点上取得重大突破，技术装备基本实现国产化，多元投资勘查局面已经形成。国土资源部组织开展的全国页岩气资源潜力调查评价及有利区优选结果显示，我国页岩气地质资源量 134 万亿 m³，可采资源量 25 万亿 m³。截至 2014 年底，累计投资 230 亿元，在重庆涪陵和四川长宁、威远等地取得重大突破，获得页岩气三级地质储量近 5000 亿 m³，其中探明地质储量 1067.5 亿 m³，建成产能 32 亿 m³/a，累计生产页岩气 15 亿 m³（2014 年生产页岩气 13 亿 m³）[38]。自 2010 年中国第一口页岩气勘探评价井——威 201 井在海相页岩中获得工业气流后，借鉴北美页岩气勘探开发的成功经验，开展页岩气地质综合评价、勘探评价及开发先导试验，陆续在四川盆地、渝东鄂西、滇黔北、湘西等地区发现页岩气，并在四川盆地威远、长宁-昭通、富顺-永川、涪陵等地区获得工业页岩气产量[39]。

　　致密气作为非常规油气资源的主力，在我国却通常被认为是常规油气资源。我国致密气成藏条件复杂、开发难度大、前期投入高，在开采技术日臻成熟的情况下如何尽可能降低成本，实现效益化、规模化生产变得尤为关键。长庆油田的苏里格气田是我国已探明的陆上储量最大的致密砂岩气田，仅 2014 年致密砂岩气产量就达 235.3 亿 m³，占同期我国致密砂岩气总产量的 65% 以上，推动我国致密砂岩气开发实现了质的飞跃，对缓解我国天然气供需紧张的局面做出了重要贡献[40]。需要注意的是，非常规天然气开发是一个"过程性概念"，特别是开发技术的成熟、价格的合理等，非常规天然气资源可转化为"常规资源"开发，转换的条件是主体开发技术达到成熟程度、开发方式具备规模化和集约化特性、油价稳定在 60～80 美元及常规油气资源勘探难度增大且开采量减少[41]。

　　近年来，随着全球能源需求和油气生产的压力日益走高，作为非常规石油资源，致密油已成为继页岩气之后全球非常规油气勘探开发的新热点，被称为非常规油气革命的"生力军"。在我国，致密油具有资源潜力大、分布广泛的优点。自 20 世纪 60 年代以来，我国在松辽盆地、渤海湾盆地、柴达木盆地、吐哈盆地、酒西盆地、江汉盆地、南襄盆地、苏北盆地及四川盆地均发现了致密油资源，勘探前景十分广阔。据国土资源部新一轮油气资源评价显示，在我国的可采石油资源中，致密油占 2/5。近年来，我国的致密油开发取得了战略性突破，相继在鄂尔多斯盆地和准噶尔盆地等发现 5 亿～10 亿 t 级储量规模区，初步预计全国地质资源量超过 200 亿 t[42]。中国各主要盆地致密油具体资源量如表 1.5 所示[43]。

表 1.5　中国各主要盆地致密油资源量

| 序号 | 盆地 | 勘探面积/万 km² | 资源量/亿 t |
|---|---|---|---|
| 1 | 鄂尔多斯盆地 | 10 | 19～25 |
| 2 | 松辽盆地 | 1.5 | 16 |

| 序号 | 盆地 | 勘探面积/万 km$^2$ | 资源量/亿 t |
|---|---|---|---|
| 3 | 准噶尔盆地 | 0.3 | 12 |
| 4 | 渤海湾盆地 | 2 | 11 |
| 5 | 四川盆地 | 1.5 | 10 |
| 6 | 柴达木盆地 | 1 | 4 |
| 7 | 酒泉盆地 | 0.03 | 2 |

可见，致密油重点分布在鄂尔多斯盆地、松辽盆地、准噶尔盆地、渤海湾盆地、四川盆地、柴达木盆地及酒泉盆地等。但是，我国的致密油与北美巴肯（Bakken）致密砂岩油、伊格尔福特（Eagle Ford）致密灰岩油均具有相似的形成条件和分布特征。目前国内不同致密油区的发展程度不同，鄂尔多斯盆地延长组已经进入工业化开发阶段，不断优化技术手段和寻找周围新区是下一步工作重点[44]。

除上述之外，我国也是世界油砂矿资源丰富的国家之一，居世界第五位。根据专家的一般推测，结合初步调查结果认为，中国油砂资源潜力可能大于稠油资源[45]。根据国土资源部新一轮油砂资源评价结果，我国油砂油地质资源量为 59.7 亿 t，可采资源量为 22.58 亿 t，主要分布在新疆、青海、内蒙古、四川、西藏等地。已发现矿带 0～100m 埋深油砂的地质资源量为 9.45 亿 t、可采资源量为 6.56 亿 t；已发现矿带 100～500m 埋深油砂的地质资源量为 18.69 亿 t、可采资源量为 5.66 亿 t；预测矿带的地质资源量为 31.55 亿 t、可采资源量为 10.37 亿 t，主要分布在准噶尔盆地、塔里木盆地、羌塘盆地、鄂尔多斯盆地、柴达木盆地、松辽盆地、四川盆地，这 7 个盆地将是我国油砂下一步勘探的重点区，是新的油砂矿带发现的有利地区[46]。但总体上而言，我国油砂勘探开发起步较晚，尚处于普查与初步研究阶段。

## 1.4　非常规油气资源投资决策问题

随着勘探开发工作的深入，投资决策（区块是否投资、投资方向和次序及资源分配等）所依据的关键信息也会发生不同程度的变化，石油企业要及时调整投资部署和策略以确保投资规划期内决策方案的有效性和资源的优化配置。通过到石油企业实地调研分析，再加上一系列国内外相关研究，本书决定将研究的重点聚焦在非常规油气资源勘探开发投资决策问题上，不仅研究勘探和开发活动投资分配、勘探投资方向和次序、开发区块和开发项目优选等抉择问题，还需要研究投资决策方案适应环境的动态调整性和科学实用性。

本书按照"提出问题→分析问题→解决问题"的逻辑思路，剖析非常规油气资源勘探开发投资决策的复杂性和特殊性，并利用相关运筹学、模糊数学、决策优化、投资组合等理论和方法进行形式化表述，同时进行模型的相关应用和求解，为不确定条件下多阶段、多目标、多属性决策问题的深入拓展研究进行了有益探索。具体内容如下。

1）非常规油气资源勘探开发投资决策问题的复杂性分析

提出欲进行非常规油气资源勘探和开发的石油企业在投资时所面临的一系列投资决策问题，并对勘探开发投资决策过程进行深入剖析，提炼其投资决策过程呈现的复杂结构特征，依据非常规油气资源属性特点，对非常规油气资源勘探开发面临的高度不确定性、商业价值实现影响因素的复杂多变性、目标的多重性和模糊性及投资策略的动态适应性等进行分析，指出非常规油气资源的勘探开发投资决策问题是一个不确定条件下的多阶段、多目标、多属性的复杂系统决策优化问题。并且，就目前而言，非常规油气资源的勘探开发成本较高（如表 1.6 中展示的页岩气勘探开发成本），风险比较大，做好投资决策问题的复杂性分析对于整个勘探开发而言具有事半功倍的效果，也可以在投资过程中进行动态调整。

**表 1.6　页岩气勘探开发成本一览表**

| 指标 | 焦石坝区块 | 威远-长宁区块 | 富顺-永川区块 |
| --- | --- | --- | --- |
| 单井成本 | 9 000 万~9 500 万元（含地面工程） | 7 000 万~10 000 万元（含地面工程） | 2 000 万美元（约 1.2 亿元） |
| 单井初期日产/万 m³ | 6.0 | 5.0 | 0.3~0.43 |
| 20 年最终可采储量/亿 m³ | 0.8~1.0 | 0.6~0.8 | 0.17~1.0 |
| 经济性 | 不考虑前期投入、投资折现、税费，前两年补贴 0.4 元/m³，平衡气价 1.57 元/m³ | 不考虑前期投入、投资折现、税费，前两年补贴 0.4 元/m³，平衡气价 2.03 元/m³ | 有资源，但经济不过关、技术不过关、市场不成熟 |

资料来源：贾成业，贾爱林，何东博，等. 页岩气水平井产量影响因素分析[J]. 天然气工业，2017, 37（4）：80-88；郭焦锋，高世楫，赵文智，等. 我国页岩气已具备大规模商业开发条件[J]. 新重庆，2015,（5）：27-29

2）非常规油气资源勘探开发投资决策优化模型研究

研究不确定条件下多阶段、多目标、多属性决策问题的形式化表达方法，根据非常规油气资源特点，从优化勘探开发投资决策效果入手，利用多层递阶系统的最优控制思想及系统论中的结构化分析方法进行复杂决策优化问题的简化与建模。将石油工程管理、运筹学、决策科学及现代投资组合理论相结合，建立非常规油气资源勘探和开发投资分配的多目标动态优化模型、勘探投资的区间数动态多属性决策模型、国有石油企业的多阶段多目标开发投资优化模型及非国有石油企业开发投资组合的多阶段优化模型，从而实现非常规油气资源勘探开发序列投资决策问题的形式化表述，为非常规油气资源勘探开发投资决策难题探索一种新的思路和方法。

3）非常规油气资源勘探开发投资决策优化模型的求解方法研究

由于非常规油气资源投资决策问题非常复杂且涉及不同的多阶段、多目标、多属性投资决策优化模型，本书利用改进的分层递阶决策问题的逻辑结构求解方法，把复杂数学模型问题分解为序列投资决策子问题的数学模型进行求解，从而实现复杂决策问题的简化求解。同时，利用改进的动态规划逆序算法求解初始状态已知的多阶段决策问题，融合不同阶段石油企业决策者呈现的不同风险偏好，运用线性加权算法进行综合目标的衡量，再利用区间数运算法则和可能度矩阵对同一阶段不同方案的实现目标进行优化和排序，并在计算机中加以实现，从而指明勘探投资的方向和优先次序，得以实现非常规油气资源开发过程中，石油企业能根据内外部环境变化实现投资决策方案的动态调整。

4）非常规油气资源勘探开发投资决策优化模型、算法及求解策略的应用研究

以上述方法和理论研究为基础进行应用研究，以某石油企业进行页岩油气勘探开发投资为例，验证本书构建的投资决策优化模型及其求解方法的有效性和适用性，并对结果进行具体分析，同时给出石油企业进行非常规油气资源勘探开发的投资决策建议。石油企业在进行非常规油气资源勘探开发投资决策时，理应权衡长期和短期投资规划需求，动态调整其投资决策方案，以尽早实现非常规油气资源的产业化和商业化开发。

5）非常规油气资源投资决策的仿真优化模型

非常规油气资源勘探开发投资问题是不确定条件下的多阶段、多目标、多属性复杂决策优化问题，模型复杂，求解异常困难，很难或无法得到解析解，这是此类问题的难点所在。因此，可融合运筹学、系统仿真和决策科学等学科理论，以提高勘探开发投资决策方案的科学性、实用性和动态性为目标，以决策者可在仿真环境下"观察"到不同投资方案产生的效果为突破口，综合运用待优化问题领域的知识和专家经验，创建基于专家经验和智能优化算法的求解机制，借助专家经验使最终的决策响应不断地得到改进，从而实现决策过程的优化，开发相应的软件系统并加以实际应用，为解决非常规油气资源勘探开发投资决策难题进行有益的探索。

6）非常规油气资源开发生态预警系统

有效降低生态环境破坏程度并保障生态系统安全已成为全球非常规油气资源开发的焦点。然而，非常规油气资源开发引起的环境破坏问题表现形式很多，如何确定非常规油气资源开发的生态环境关键影响因素并及时发出预警信息是生态预警需要解决的一个难题。另外，受非常规油气资源开发特点及复杂性的影响，其生态预警具有高度的不确定性，如何选用科学合理的方法构建预警模型且根据开发过程的发展真实反映生态环境风险程度并及时发出警报信息，同样是保障非

常规油气资源开发的生态环境安全的关键问题。因此，有必要在借鉴各国非常规油气资源开发与环境保护经验及教训的基础上，结合我国非常规油气资源产业发展的实际情况，设计非常规油气资源开发的生态预警指标体系并构建生态预警模型，并用不同年度数据对模型进行检验，实现统计预警与模型预警的结合，克服传统统计模型只适应大数列的不足，同时开发非常规油气资源开发的生态预警系统，保障非常规油气资源开发与生态环境保护的协调发展，进而促进我国非常规油气资源的规模化和产业化开发。

# 1.5　本章小结

非常规油气资源是当今和未来油气勘探的主要领域，在目前的油气资源勘探开发中处于重要地位，是具备规模化开发条件和商业化发展前景的能源。我国非常规油气资源十分丰富、发展潜力大，尤其是非常规天然气资源量大，其中的致密气、页岩气和煤层气技术可采资源量是常规天然气资源的 1.5 倍，具备良好的开发利用前景。目前，我国已进入常规与非常规油气资源开发并举的局面，然而，总体上而言，我国非常规油气资源的勘探开发尚处于初级阶段，在勘探开发投资决策过程中仍面临一系列问题，如勘探开发投资金额分配、勘探投资资源分配、开发投资资源分配，以及目标区块和有利区块优选等。本书结合运筹学、模糊数学、决策科学和计算机仿真等学科理论建立的相关决策优化模型的应用结果，虽然不能提供非常规油气全生命周期内的最优化（最优亦不现实）投资方案，却为石油企业在面临诸多不确定条件的情况下非常规油气资源勘探开发投资决策问题的建模与求解带来新的思路和方法。建立的数学模型虽然复杂，但是可以在计算机上实现求解，使管理者在即使不懂数学模型的情况下，输入相关参数条件即可得出满意的投资方案，并且产生的方案能随着外界变化而进行动态调整，提高了非常规油气资源勘探开发投资决策的科学性和实用性，有助于尽快促使我国非常规油气资源开发实现产业化和商业化，有效降低我国石油对外依存度，提升国家能源安全并确保国民经济持续发展。

## 参 考 文 献

[1] 康玉柱. 中国致密岩油气资源潜力及勘探方向[J]. 天然气工业，2016，36（10）：10-18.

[2] 赵靖舟. 非常规油气有关概念、分类及资源潜力[J]. 天然气地球科学，2012，23（3）：82.

[3] 周庆凡，杨国丰. 致密油与页岩油的概念与应用[J]. 石油与天然气地质，2012，33（4）：541-544.

[4] 孙赞东，贾承造，李相方，等. 非常规油气勘探开发（上）[M]. 北京：石油工业出版社，2012：53-54.

[5] Meyer R F. World heavy crude oil resources//Proceedings of the 15th World Petroleum Congress[C]. London: World Petroleum Congress, 1997: 1-14.

[6] McGlade C E. A review of the uncertainties in estimates of global oil resources[J]. Energy, 2012, 47（1）: 262-270.

[7]　邹才能，朱如凯，吴松涛，等. 常规与非常规油气聚集类型、特征、机理及展望——以中国致密油和致密气为例[J]. 石油学报，2012，33（2）：173-187.

[8]　孙赞东，贾承造，李相方，等. 非常规油气勘探开发（下）[M]. 北京：石油工业出版社，2012：865.

[9]　Masters J A. Deep basin gas trap，western Canada[J]. AAPG Bulletin，1979，63（2）：152-181.

[10]　Holditch S A. Tight gas sands[J]. Journal of Petroleum Technology，2006，58（6）：86-93.

[11]　Snyder D，Seale R A. Optimization of completions in unconventional reservoirs for ultimate recovery-case studies//SPE EUROPEC/EAGE Annual Conference and Exhibition[C]. New York：Society of Petroleum Engineers，2011：103-104.

[12]　汪凯明. 我国非常规油气资源勘探开发前景[J]. 当代石油石化，2009，17（4）：24-27.

[13]　邹才能，张光亚，陶士振，等. 全球油气勘探领域地质特征、重大发现及非常规石油地质[J]. 石油勘探与开发，2010，37（2）：129-145.

[14]　Kaufmann R K，Shiers L D. Alternatives to conventional crude oil：when，how quickly，and market driven？[J]. Ecological Economics，2008，67（3）：405-411.

[15]　Canada National Energy Board. Canada Oil Sands Opportunities and Challenges to 2015[M]. Calgary：Publications Office，2004：33-40.

[16]　邹才能，董大忠，王社教，等. 中国页岩气形成机理、地址特征及资源潜力[J]. 石油勘探与开发，2010，37（6）：641-652.

[17]　Holditch S A. Unconventional oil and gas resource development—Let's do it right[J]. Journal of Unconventional Oil and Gas Resources，2013，1：2-8.

[18]　童晓光，郭建宇，王兆明. 非常规油气地质理论与技术进展[J]. 地学前缘，2014，21（1）：9-20.

[19]　李振宇，乔明，任文坡. 委内瑞拉超重原油和加拿大油砂沥青加工利用现状[J]. 石油学报（石油加工），2012，28（3）：517-524.

[20]　Svensson E，Strömberg A B，Patriksson M. A model for optimization of process integration investments under uncertainty[J]. Energy，2011，36（5）：2733-2746.

[21]　Salameh M G. Can renewable and unconventional energy sources bridge the global energy gap in the 21st century？[J]. Applied Energy，2003，75（1）：33-42.

[22]　van Asseldonk M，Huirne R B M，Dijkhuizen A A，et al. Dynamic programming to determine optimum investments in information technology on dairy farms[J]. Agricultural Systems，1999，62（1）：17-28.

[23]　Erturk M. Economic analysis of unconventional liquid fuel sources[J]. Renewable and Sustainable Energy Reviews，2011，15（6）：2766-2771.

[24]　Dale M，Krumdieck S，Bodger P. Net energy yield from production of conventional oil[J]. Energy Policy，2011，39（11）：7095-7102.

[25]　Jarvie D M，Hill R J，Ruble T E，et al. Unconventional shale-gas systems：the Mississippian Barnett Shale of north-central Texas as one model for thermogenic shale-gas assessment[J]. AAPG Bulletin，2007，91（4）：475-499.

[26]　Méjean A，Hope C. Modelling the costs of non-conventional oil：a case study of Canadian bitumen[J]. Energy Policy，2008，36（11）：4205-4216.

[27]　Pollastro R M. Total petroleum system assessment of undiscovered resources in the giant Barnett Shale continuous（unconventional）gas accumulation，Fort Worth Basin，Texas[J]. AAPG Bulletin，2007，91（4）：551-578.

[28]　Nepomuceno Filho F，Suslick S B，Walls M R. Managing technological and financial uncertainty：a decision science approach for strategic drilling decisions[J]. Natural Resources Research，1999，8（3）：193-203.

[29]　刘洪林，王红岩，刘人和，等. 中国页岩气资源及其勘探潜力分析[J]. 地质学报，2010，84（9）：1374-1378.

[30]　Sun J F，Hu X P. A dynamic multiple attribute decision-making model of unconventional oil exploration and exploitation under uncertainty [J]. ICIC Express Letters—an International Journal of Research & Surveys. Part B：Applications，2012，3（4）：999-1006.

[31]　Sun J F，Ding Q L，Wang X M，et al. An investment decision-making model of unconventional oil exploration and development[J]. ICIC Express Letters—an International Journal of Research & Surveys，2013，7（1）：131-137.

[32]　邹才能，张国生，杨智，等. 非常规油气概念、特征、潜力及技术——兼论非常规油气地质学[J]. 石油勘探与开发，2013，40（4）：385-399.

[33]　World Energy Council. 2001 Survey of energy resources[R]. 2001.

[34]　张大伟. 中国非常规油气资源及页岩气未来发展趋势[J]. 国土资源情报，2016（11）：3-7.

[35]　童晓光，张光亚，王兆明，等. 全球油气资源潜力与分布[J]. 地学前缘，2014，21（3）：1-9.

[36]　邹才能. 非常规油气开发是新科技革命[N]. 中国石化报，2012-07-02（1）.

[37]　钱伯章，朱建芳. 世界非常规天然气资源及其利用概况[J]. 天然气经济，2006（4）：20-23.

[38]　中国地质调查局. 中国页岩气资源调查报告（2014）[R]. 2015.

[39]　董大忠，王玉满，李新景，等. 中国页岩气勘探开发新突破及发展前景思考[J]. 天然气工业，2016，36（1）：19-32.

[40]　谭中国，卢涛，刘艳侠，等. 苏里格气田"十三五"期间提高采收率技术思路[J]. 天然气工业，2016，36（3）：22-29.

[41]　胡文瑞. 我国非常规天然气资源、现状、问题及解决方案[J]. 石油科技论坛，2012，31（6）：1-4.

[42]　中国石油新闻中心. 致密油：中国非常规油气革命的暗涌[EB/OL]. http://news.cnpc.com.cn/system/2014/04/18/001482933.shtml[2014-04-18].

[43]　贾承造，邹才能，李建忠，等. 中国致密油评价标准、主要类型、基本特征及资源前景[J]. 石油学报，2012，33（3）：343-350.

[44]　庞正炼，邹才能，陶士振，等. 中国致密油形成分布与资源潜力评价[J]. 中国工程科学，2012，14（7）：60-67.

[45]　舟丹. 我国的油砂矿资源丰富[J]. 中外能源，2014，（5）：17.

[46]　刘人和，王红岩，王广俊，等. 中国油砂矿资源开发利用潜力及前景[J]. 天然气工业，2009，29（9）：126-128.

# 第2章 非常规油气资源勘探开发理论研究

非常规油气资源勘探开发投资决策是学术界和产业界都十分关注的热点和难点，利用相关理论和方法对其进行形式化表述，提高投资决策质量和决策效果，不仅有助于尽快实现非常规油气资源的商业化和产业化开发，还可以深化多阶段、多目标、多属性复杂决策优化问题的研究，并对于提升能源安全、优化我国能源结构具有重要的战略意义。因此，研究非常规油气资源投资决策问题具有重要的理论意义和应用价值。

## 2.1 非常规油气资源勘探开发难点分析

### 2.1.1 常规与非常规油气资源对比分析

非常规油气资源是指在现今经济和技术条件下，不能完全用常规方法和技术手段进行勘探、开发与加工利用的油气资源[1]，主要包括页岩气、煤层气、致密砂岩气、超重油、油砂油和页岩油等。和常规油气资源相比，非常规油气资源具有如下独特的特点：①资源量大但难以开采，开采成本高且要求专门的技术；②资源分布连续且分布区域广；③密度大、黏度大、品质低、流动性差；④产油气规律与常规油气不同，初始产油率低，但产油气周期长，多达 50～80 年；⑤投资额巨大且投资具有不可逆性；⑥对环境的破坏力度大。

这些特点使非常规油气资源勘探开发的难度更大、风险更高，勘探和开发是整个石油工业链条的"龙头"，非常规油气资源勘探开发投资决策的好坏已成为制约非常规油气资源能否实现规模化和产业化的关键问题，一旦决策失误，不但给石油企业本身造成不可估量的经济损失，影响企业的可持续发展，还会给当地环境造成严重的生态破坏，甚至威胁国家能源安全。

由于非常规油气资源勘探开发的复杂性和新兴性，目前的研究主要集中在非常规油气资源地质属性、战略作用、产量远景预测及成本分析等方面。非常规油气资源在成藏机理、赋存状态、地质属性和分布规律等方面与常规油气资源不同，国内对于非常规油气资源还未形成一个统一的评价体系，不同机构和人员给出的发展潜力评价结果也相差较大。但是无论如何，各国政府、机构和专家都看好非常规油气资源发展前景，非常规油气资源被认为是最可行、最具有发展前景的石油可替代资源，全球油气资源格局正在由传统的常规油气资源为主转为常规油气资源和非常规油气资源并重的局面。和常规油气资源相比，非常规油气资源具有密度高、黏度大、埋藏深、流动性差、资源分布区域广且连续及埋藏深浅不一等特点，这使非常规油气勘探开发方式、开采技术要求及经济性等方面与常规资源都有所不同，致使其开采难度加大、成本更高且环境破坏力度更大。另外，非常规油气资源储量和其商业价值开发潜力并不成正比，勘探开发过程中面临更高的复杂性和更大的不确定性，投资决策难度更大。因此，如何根据非常规油气资源属性及其投资决策过程呈现出的复杂性特征，以提高投资决策方案的科学性、有效性和实用性为目标进行定量分析是研究的难点所在。

## 2.1.2　常规油气资源投资决策方法的不再适用性

非常规油气资源属性、开采方式特殊性及其对油价、技术进步、环境要求和税收补贴政策等的严重依赖性，要求其决策方案应能随着外界变化进行动态调整。然而，在油价难以估测、生产成本难以衡量、技术进步的影响难以量化、环境保护要求日益严格等情况下，其勘探开发投资决策过程充满了高度的不确定性。非常规油气资源的科学投资决策问题已逐步成为石油企业高层管理者的主要职责，除了要研究解决勘探开发投资决策方案，如勘探和开发活动投资分配、勘探投资方向和次序、开发区块优选及开发项目优选等抉择问题之外，还需要研究方案适应环境的动态调整性。目前在常规油气资源中普遍采用的基于人工经验和静态的处理方法已不能满足非常规油气资源投资决策方案的动态性、复杂性和不确定性，其决策方案的科学性和有效性亟待加强。学术界提出的许多投资决策模型和算法，由于模型的复杂性，管理人员很难理解，而过于简单又不能反映投资决策问题的实际情况，使数学模型理论上可行但实际应用较少。因此，如何提升其投资决策的科学性、合理性和实用性是学术界和产业界面临的一大难题。

如何根据不同年度的油价、油气产出、生产成本、技术进步及环境要求等因素，依照非常规油气资源属性特征，进行勘探和开发活动投资分配、开发投资分配、区块优选及开发项目优选，适时生成科学和合理的勘探开发投资决策方案，尽快促使非常规油气资源开发实现商业化和产业化具有重要的现实意义。本书将以提高非常规油气资源勘探开发投资决策方案的科学性、实用性和动态性为目标，融合运筹学、控制论、决策科学及现代投资组合理论等将投资决策过程进行形式化描述，建立非常规油气资源的勘探和开发活动投资分配模型、勘探投资决策优化模型和开发投资决策优化模型等，为求解非常规油气资源勘探开发投资决策难题探索新的思路和方法，并尽快促使我国非常规油气资源实现产业化和商业化开发，以确保国家能源安全。

## 2.2　非常规油气资源发展潜力问题

### 2.2.1　非常规油气资源评价研究

随着常规油气资源供给缺口和石油对外依存度的日益加大，非常规油气资源作为重要的后备资源而备受关注，页岩气、致密气、油砂油及超重油等成为非常规油气资源发展的重点领域。非常规油气资源在成藏机理、赋存状态、地质属性、分布规律，以及勘探开发方式、开发技术要求及经济性等方面与常规油气资源不同，二者的评价方法也存在较大差异[2]。近年来，国内外页岩气、煤层气和致密油气等非常规油气资源评价取得重要进展[3]，目前初步评价结果显示非常规油气资源十分丰富，勘探开发前景非常大，但具体潜力有待进一步落实[4, 5]。目前常用的主要非常规油气资源评价方法有美国地质调查局的类比法[6]、随机模拟法[7]、以油气资源空间分布预测为代表的特殊统计法、以单井储量估算为代表的典型统计法和以连续型致密砂岩气藏预测法为代表的特殊成因法[8]。每种评价方法都有各自的适用范围和优缺点，靠单一的方法来估算某一地区的非常规油气资源极有可能导致估算结果的误差[9]。例如，美国地质调查局和加拿大天然气潜力委员会所得到非常规油气资源的评价结果差异就很大，因此，我们应利用多种评价方法进行资源评价以尽可能地获取比较客观的地质资源量[3]。

尽管很多专家和学者做了不少努力，但国内对于非常规油气资源的评价尚未形成一个系统的评价体系。为真实客观地评价这些资源，可利用一种基于区带的勘探新方法来对非常规油气资源区带进行系统评价，以便于在勘探的早期就可高效快速地识别"甜点"并做出相应的决策[4]，然而内容多集中在页岩气资源的评价上。全面开发资源潜力丰富的页岩气资源将带来一场全球性的能源革命[10]，近期可实现经济勘探开发的页岩气应引起勘探开发决策层的高度重视[11]。然而，我国与北美地区的页岩气形成条件不同，页岩气区块选取不能照搬美国的评价标准和勘探经验。刘超英[12]就探讨了国内外页岩气的评价参数及标准差异性，并建立页岩气"富集概率-资源价值"评价模型及数值化计算公式，突显油气资源富集概率及非常规油气资源战略价值。

通过对这些方法的对比分析可知，我国应采用统一评价流程和统一评价方法开展全国性非常规油气资源的评价[13]，应根据评价区域的石油地质条件、油气成藏机制及勘探开发程度，有针对性地选取评价方法和建立评价体系，勘探程度高的可以选用发现过程法，中等勘探程度的可以采用主观概率法，勘探程度低的盆地可采用类比法[14]，总之，应尽量选用多种方法从不同的角度进行估算，做到交叉验证，提高估算结果的可信度[9]。此外，评价内容还应包括经济评价和环境评估，以及非常规油气资源开发利用的社会效益评价等。关于非常规油气资源的评价，还有实物期权理论方法的应用。温绍军[15]根据深海油气资源特征，提出海上油气勘探阶段放弃期权的二叉树模型，另外，还有学者把实物期权法应用在非常规油气资源领域进行经济评价方面的研究[16]，但实际上此方法的应用多是关注是否投资和投资时机问题，对于如何进行投资规模的确定及投资资源分配等一系列投资决策问题都没有涉及。

## 2.2.2　非常规油气资源发展潜力和发展前景

由于非常规油气资源勘探开发的复杂性和新兴性，目前的研究主要集中在非常规石油资源的战略作用和前景分析方面。随着油砂、页岩油气等非常规油气资源在一些国家（如美国、加拿大）规模化开发并取得可观的经济和社会效益，页岩气成为非常规天然气资源的热点发展方向，油砂和致密油则成为非常规石油资源发展的"亮点"类型[17]。从乐观者的角度而言，非常规石油资源尤其是油砂和超重油在延缓石油生产峰值和国家能源安全中起着很大的作用[18]。然而，石油对外依存度是一个动态的问题，它不仅仅取决于石油的供应和需求程度，还是长短期市场能力博弈和调整的结果[19]。目前，对于美国而言，页岩油气大规模的商业化开发，使其只要制定出稳健的、协作的能源政策，就完全可能实现能源独立，而不必仅仅依靠石油外交政策[20]。

通过对全球常规-非常规油气资源潜力及趋势预测得出：非常规油气革命确实可以延长石油工业生命周期[21]，并能有效缓解常规油气资源供应日趋紧张的形势[22]。委内瑞拉超重油和加拿大油砂项目大规模的成功开发也确实证明了非常规油气资源开发可以有效延缓石油生产峰值的到来[18]。著名石油专家严陆光等[23]也开展了非常规油气资源的论证，一致认为其对满足日益增长的石油需求和保障国家能源安全均有着重大意义。我国非常规油气资源潜力远大于常规油气资源，加快非常规油气资源的勘探开发对于提高我国油气资源供应能力具有极为重要的现实意义。值得注意的是，要想提高中国非常规油气资源发展前景和油气资源自给能力，加强非常规油气资源的探索性研究和技术准备，同时制定其长远发展规划是关键内容之一[24]。

根据中国非常规油气资源勘探开发前景与未来的发展战略，未来 10～20 年，中国非常规油气产量将显著增长[25]。根据英国石油公司发布的研究报告可知[26]，到2035 年，中国的页岩气产量将占全球页岩气产量的 13%，届时中国和美国将共同提供 85%的全球页岩气产量。同时，借鉴北美海相页岩气开采突破的成功经验，陆相页岩油工业化也有望在中国率先突破[27]。我国油砂资源分布广，开发潜力大，随着技术的不断引进和创新，油砂开发商业化和规模化将成为可能，而且我国油砂资源埋藏浅、含油率高和开采价值较高等特点，为油砂资源经济化开采提供了基础保证[28]。目前致密气已成为全球非常规天然气资源勘探开发的重要领域之一，我国致密气开发技术相对较为成熟，如苏里格油气田的致密气开采。如果能够采取有效的政策激励措施，则致密气的开采将具有较大规模的产量，发展潜力更大[29]。

　　由于非常规油气资源发展前景和其资源量密切相关，不少学者都希望能较为客观真实地评价其资源量和发展潜力，研究非常规油气资源评价方法以希望能进行较为准确的估测[30]，但有关的结果却和许多机构及人员的研究结果相差较大。有关中国页岩气资源发展前景，国内不少机构或学者也对此做出了较为乐观的预测，如表 2.1 所示。

表 2.1　　中国陆上页岩气资源量预测统计

| 年份 | 预测机构与专家 | 预测范围 | 地质资源量/万亿 $m^3$ | | 技术可采资源量/万亿 $m^3$ | |
|---|---|---|---|---|---|---|
| | | | 区间值 | 期望值 | 区间值 | 期望值 |
| 2009 | 中国石油勘探开发研究院董大忠等 | 中国陆上 | 86~166 | 100 | 15~32 | 20 |
| 2010 | 中国石油勘探开发研究院李建忠等 | 中国陆上 | | | 15.1~33.7 | 24.5 |
| 2010 | 中国石油勘探开发研究院邹才能等 | 中国陆上 | 30~100 | 50 | 10~15 | |
| 2010 | 中国石油勘探开发研究院刘洪林等 | 中国陆上 | | | 21.4~45 | 30.7 |
| 2010 | 中国地质大学（北京）张金川等 | 中国陆上 | | | 15~30 | 26.5 |
| 2011 | 国土资源部油气资源战略研究中心张大伟等 | 中国陆上 | | | | 31 |
| 2011 | 美国能源信息署 | 四川盆地、塔里木盆地 | | 144.4 | | 36.1 |

　　资料来源：赵文智，董大忠，李建忠，等. 中国页岩气资源潜力及其在天然气未来发展中的地位[J]. 中国工程科学，2012，14（7）：46-52

　　从目前资料分析，页岩气资源极有可能成为一种未来大行其道的非常规天然气资源，20 世纪 90 年代以来，人们不仅重视煤层气与致密砂岩气的勘探开发，随着北美页岩气的成功开发利用，人们更是将目光转向了资源更丰富、开采周期长、产量高的页岩气资源上，虽然页岩气产量目前尚不及煤层气，但其发展速度之快，大有后来者居上的势头[31]。丰富的资源基础和良好的产业起步为页岩气发展提供坚实保障的同时，体制机制不断健全为页岩气发展提供了强大动力。页岩气被确定为独立矿种，勘探开发的体制障碍部分消除。两轮探矿权招标的探索为完善页岩气矿权竞争性出让和建立矿权退出机制积累了有益经验，多种性质市场主体合资合作开发模式的建立也为吸引和扩大页岩气投资提供了宝贵经验。随着油气体制改革的全面推进，市场准入进一步放宽、基础设施实现公平接入、价格市场化机制建立和行业监管不断完善等，都将为页岩气发展提供公平竞争、开放有序的外部环境[32]。

但是，需要注意的是，非常规油气与常规油气在学科体系、勘探方法、开发方式与开采模式等方面有着本质区别[30]，勘探开发面临更大的不确定性，致使开采难度加大、成本更高及环境破坏力度更大。为研究不同情景下的资源量，Mohr和 Evans[33]建立两个模型来研究露天开采和就地开采下非常规石油资源油砂的远景产量预测，其他相关专家也做了不同预测。尽管对非常规石油资源量估测结果差异较大，但各国政府和专家都看好非常规石油开发前景，非常规石油被认为是最可行、最具有发展前景的石油可替代资源。全面开发非常规油气资源将带来全球性的能源革命[34]，页岩气确已改变了美国的能源地位和全球能源市场[35]，美国也因此有望实现"能源独立"[36]。我国非常规油气资源潜力较大，不同机构给出的资源量虽然和往年不同机构及美国等测算的数据相差较大[37-39]，但都表明相同的观点，即非常规油气资源是目前最具有发展前景的石油可替代资源[40-43]。中国油气工业发展已进入以常规油气和非常规油气并重的重大战略"突破期"和以非常规油气为主的科技革命创新"黄金期"[30]。

## 2.3　油气资源勘探开发模型及其应用研究

国内外学者关于勘探开发决策模型的研究主要表现在常规石油资源上，主要有勘探模型、开发模型、勘探开发一体化模型及石油工业勘探开发投资决策模型。

### 2.3.1　勘探模型及其应用问题研究

关于勘探模型方面的研究主要有发现过程模型、计量经济模型和混合模型三个方面。

#### 1. 发现过程模型

对于油气资源发现率，最早的方法是 Hubbert 于 1967 年提出的历史数据外推法[44]，这种方法假设油气的累计发现规律服从对数曲线，可以根据历史数据测算出某一盆地的最终可采资源量。这一模型简单且准确度相对较高，主要适用于比较成熟的盆地，然而未勘探或部分勘探区域的资源量测算对石油企业来说更为重要。于是，Root 和 Drew[45]根据实际的勘探规律趋势修正和完善了该模型，提出指数递减模型，该模型假设油气发现规模是随着持续勘探呈指数递减趋势的，我们把包含此假设的模型称为"发现过程模型"。后来，Drew 等[46]对这一典型的发现过程模型进行了改动，并命名为"影响面积"方法，此方法指出油气资源发现率不是勘探钻井的指数递减函数，而是钻井累计面积的指数递减函数，包括后续的发现过程模型，均表示了勘探发现的规律[47]。通过对比各种预测油气发现规律的方法可知，这些发现过程模型不仅包含了经济成分，还伴有发现过程成分，一些发现过程模型已经能做出较为合理的准确预测[48]。然而，这些经济成分并不服从严格的历史数据的验证。

2. 计量经济模型

为避免上述不足，计量经济模型被用来研究勘探决策问题，第一个这样的模型是 Fisher 模型[49]，模型中界定油气供应关系要服从历史数据的验证。为试图捕获油气发现中突出的地质趋势规律，完善之后的 Fisher 模型又把勘探活动经济决策过程的动态性考虑进来[50]。随着研究的不断深入，人们开始利用计量经济建模方法把油气的勘探、开发和生产过程结合在一起进行模型构建，覆盖了油气供应所有重要的方面[51, 52]。然而，这些模型并不能明确地捕获生产者的行为，这一问题后来都陆续做了处理，其中的经济计量公式主要是基于不确定条件下的动态生产者行为严格理论[53-55]。然而，计量经济模型较少考虑资源的物理特征，以及近来考虑物理特征的这些模型都非常复杂，并且不能详细地描述油气的供应过程，因此作为政策分析工具不是很有效。

3. 混合模型

发现过程模型和计量经济模型都是基于生产者优化行为理论的，计量经济模型可以用来反映石油企业的勘探活动，发现过程模型可以用来估计未来油气发现规律[56]。为反映时间变化和考虑资源的物理特征，融合发现过程模型和计量经济模型二者优点的"混合模型"被提出来[57]。采用该模型可以详细说明和地质趋势相一致的油气发现统计规律，并利用计量经济技巧来估计各种参数[58]。同时，使用该混合方法对墨西哥湾大陆架外缘的油气供应进行了建模，在该模型中，油气发现参数和计量经济参数都是使用历史数据进行估测的。然而，关于石油企业在未来该如何进行更为合理的勘探活动等重要问题并没有进行正面回答。

## 2.3.2　开发模型及其应用问题研究

关于开发模型，主要集中解决油气最大采收率、最佳生产时间-路径（time-path）和最佳采收率三个方面的问题。最初的油气最大采收率问题是指油藏产量生产路径是线性的，并且以一成不变的速率生产直至采完[59]。后来的研究发现，现有储量的开采速率和用以开发新储量的投资规模，这两种决策并不是相互独立的，应该使用综合优化模型，同时优化资源开采率和自然资源产业的投资[60]。另外，最终采收的资源量还取决于采收的时间-路径，在做决策时还应考虑非线性生产、现有的生产速度、投资作用及最终采收对时间-路径的依赖性[61]。此外，储藏压力条件的控制对于最佳采收率也是至关重要的，把油藏的物理行为和石油勘探开采的经济性融合在一起更为合理[62]。于是，综合上述思想的模型框架和方法体系被用于实际开发过程中，通过使用平均油藏数据来决定最佳开采率[63]。油气资源的开发是一个动态的优化过程，建立的 PETEX 模型融合了油气最佳采收率影响因素、未来油气资源发现率及发现过程存在的不确定性和随机性因素以反映生产-投资决策之间的关系[64]。然而，由于我国许多常规油气田的开发已经进入后期，应采用动态法尤其是产量递减法来进行可采储量的预测，在 Pareto 和 Mandlebrot 成果基础上经过变换后的储量规模排序法的预测模型是一个不错的选择[65]。

### 2.3.3　勘探开发一体化模型

实际工作中，石油企业的勘探开发基本都是边勘探边开发，即勘探开发一体化。勘探开发一体化是整合勘探活动和开发活动的有效手段，这就使勘探和开发的决策过程密不可分。因此，应把油气的勘探与开发两个阶段的经济和技术等因素合并在一个模型框架内进行研究[66]。勘探开发一体化经济评价模型的建立，对于提高石油企业的勘探开发投资回报意义重大，通过价值评估图，规范区带经济评价的工程、储量、生产与经济模型构建的方法和流程[67]。事实证明，滚动勘探开发是勘探开发一体化的有效运行模式，操作过程中，可以把宏观层次的经济技术目标与单个油气井生产的微观技术经济模型结合起来，以油气开采净收益的最大化为目标，建立非线性综合动态优化模型来对问题进行求解[66]。基于油气资源勘探和开发的特点，戴家权等[68]假设油气价格服从几何布朗运动且以油气开采收益最大化为目标，建立油气藏勘探发现率及储量的混合随机最优控制模型，并利用动态规划方法对勘探速率和开采速率的最优策略进行求解。较之以往相对独立运行的勘探和开发工作，勘探开发一体化有着明显的差异和自身的优势[69]，这种运作方式是从投资效益最大化的角度提出的一种新的油气田生产管理方式[70]，可以缩短评价周期，减少评价井数，提高勘探开发的整体效益。

### 2.3.4　石油工业勘探开发投资决策模型

关于石油工业勘探开发投资决策模型，主要是指常规油气资源的决策优化，具有代表性的是加权平均资本成本、多属性效用理论及现代投资组合理论的应用。

1. 加权平均资本成本

传统的资本预算理论假设若干个项目方案的筛选是资本预算过程的重要步

骤，关注单一目标即净现值的最大化，因此就有了加权平均资本成本方法的应用[71]。基于这种方法的折现现金流分析已经成为大多数油气工业投资决策工具，通过预测投资生命周期中确定的现金流来评价投资机会，为管理者提供一个简单的投资决策规则：如果投资资本回报大于加权平均资本成本，则有正的净现值，可以接受，反之，负的则拒绝。然而这一方法过于简单，且仅强调净现值最大化，不符合石油勘探开发投资的多目标性。

### 2. 多属性效用理论

为弥补上述不足，有学者应用多属性效用理论来解决此问题。根据多属性决策框架，融合决策者对待地质、市场及经济风险的态度、经验和判断能力等主观因素，建立基于动态的多属性油气勘探风险决策模型以使决策结果更符合客观实际[72]。近些年来，油气资源勘探开发中的风险分析应用已经取得了很大的进步，效用理论可以在模型构建中考虑决策者的不同风险偏好[73]。利用多属性效用理论和方法把公司目标、风险策略和投资选择结合在一起进行大型石油企业勘探开发投资决策是一个重大的突破[74]。为提升石油企业投资决策质量，后来又利用多属性效用方法研究不同风险倾向变化对公司投资规模带来的影响，并应用多属性效用理论来衡量技术进步、环境要求和财务绩效等对勘探开发项目带来的影响[75, 76]。这些方法应用的过程中，也考虑了目标的多重性，如最大化储量接替率、最小化组合储量发现成本、最大化组合的净现值和投资回报等。研究结果表明，多属性效用方法的确能够帮助石油企业相关部门的决策者更好地把战略目标、风险政策和投资选择过程结合在一起，并考虑到石油勘探开发投资决策问题的多目标、多属性问题，但技术进步、环境要求、油价等对非常规油气资源勘探开发而言至关重要的因素却没有融合到决策模型过程中。

### 3. 现代投资组合理论

不确定性加上由此产生的业务风险在石油工业领域无处不在。如果能够量化这种风险和不确定性并且能有效管理，则可以提高决策的质量并实现公司项目投资组合的价值最大化[77]。为提升石油工业上游企业投资决策的整体效果，有学者开始把现代投资组合理论应用到上游企业的投资决策过程中，取得了较好的效果[78-82]。后来，又把决策分析和组合管理融合在一起以提高勘探开发的项目选择质量，阐述石油企业如何利用类似的投资组合和优化方法来确定收益一定条件下的风险最小化的投资项目组合，并把这种投资选择组合和传统的资本分配技巧进行对比，以彰显现代投资组合理论如何在现有组合风险水平下可以给管理层提供一个优秀的分配资金集合[83]。为求出勘探开发投资的有效边界和最佳策略，可以利用均值-方差理论和随机哈密顿-雅克比-贝尔曼方程，建立油田勘探开发项目投资组合动态数学模型来完成相应任务[84]。由上述分析可知，常规油气勘探开发决策模型相对比较成熟，但这些模型多没有考虑决策方案应随着环境变化而进行动态调整，实际应用效果不尽理想。

## 2.4　常规油气资源勘探开发决策仿真模型

仿真模型在石油勘探开发决策领域的应用主要有两种：蒙特卡洛仿真模拟和系统动力学。

### 2.4.1　蒙特卡洛仿真模拟的应用

蒙特卡洛方法在石油勘探开发决策领域中的应用有不少学者都曾经进行过研究，该方法能够在勘探项目前期对风险因素进行定量分析并进行较为可靠的风险评估[73]。所构建的模型要求包含未勘探发现区域数量、规模及油气发现概率估计的详细信息，还要包含地质信息，根据这些信息则可以运用蒙特卡洛方法来模拟分析油气储量分布情况，并根据统计资料和经验类比来确定不同储量区间对应的产量分布规律及估测某一区块的油气资源量等[85, 86]。还有许多仿真模型使用无置换抽样统计建模方法，而运用这一方法建立的模型比使用历史数据外推法和指数递减方法预测发现率要好很多[87]，它们进一步假设油气发现是随机的，发现的概率和油气量的规模成正比[88]。

### 2.4.2　系统动力学模型及其应用

系统动力学在石油行业的应用源于 Choucri，他开发出了"动态的计算机仿真模型"，用来分析埃及国内石油行业，所用的仿真方法就是"系统动力学"[89]。吴冲龙等[90]于 1998 年提出油气系统动力学的概念，并初步建立了油气系统动力学的方法体系，为盆地分析、盆地模拟和油气成藏动力学模拟提供了一个全新的思路与方法。Chowdhury 和 Sahu[91]建立系统动力学模型，用来研究印度油气勘探开发工业的长期动态行为，Davidsen 等[92]对先前的系统动力学模型进行了扩展，把技术研发、勘探开发投资、石油的发现生产及可替代石油资源等结合在一起来研究美国石油资源的生命周期。这种方法假设行为系统是由非线性的反馈关系主导的，各种变量之间有着高度的内在联系，并且变量通常是双向关联，并没有强调要区分独立变量和非独立变量，为政策的分析和制定提供了依据。于是，Naill[93]把油气价格和国内不断上升的勘探开发成本等结合起来建立能源供求集成模型，希望能为国家能源机构提供政策的制定和分析的依据。Tang

等[94]利用系统动力学对乐观情境下和悲观情境下大庆油田的油藏和产出进行了预测，为我国能源政策制定提供了有利的分析结果和依据。同时，Kiani 和 Pourfakhraei[95]也利用此方法对伊朗石油供求及收入之间的反馈关系进行了研究，希望能为伊朗油气工业部门生产和消费政策的制定提供依据。除此之外，刘志斌和王君[96]及陈海涛[97]还利用系统动力学分析了石油价格的主要影响因素，并建立我国石油需求系统模型，模拟得出油价波动趋势并预测不同经济发展速度下我国的石油需求量。另外，还有学者利用系统动力学建立油田在石油勘探开发中内在的信息反馈结构与机制，以及相互因果关系，辅助油田科学地制定并选择长远的策略规划[98]。

## 2.5　非常规油气资源勘探开发决策问题研究进展

### 2.5.1　聚焦非常规油气资源勘探开发战略投资决策问题

在传统石油工业的决策过程中，越来越多的石油企业通过使用决策分析方法，如现代资产组合理论、实物期权法和多属性效用理论等以优化整个投资决策过程[99, 100]。管理科学和决策科学的融合促使了多目标决策和多属性效用理论的快速发展[101]，近些年来，二者仍是管理科学研究和应用的热点议题。Wallenius 等[102]对多目标决策和多属性效用理论开展了更为深入的研究和拓展，并且讨论了未来可能的应用领域和范畴。

这些方法的使用确实提升了常规油气资源勘探开发的投资决策质量，但这些研究往往只关注了利润和风险，并没有考虑由石油企业油气资源所具有的独特属性产生的不确定性、多目标性和多阶段性等特征。由于非常规油气资源储藏方式、开采方式和油气产出规律等方面的特殊性，与非常规油气资源开发所密切相关的水资源消耗、技术进步及环境保护等问题非常重要，原有的常规油气资源勘探开发投资决策方法已不再适用[103, 104]。基于非常规油气资源勘探开发的特殊性，有必要应用新的理论和方法来解决其勘探开发投资决策问题。于是，根据非常规油气资源特点，Sun 等[105]建立非常规油气资源勘探开发的多目标投资决策模型，用以进行勘探活动和开发活动之间资金的合理分配，对如何进行目标权衡并给出满意的投资方案进行了探索，却忽略了不确定性所带来的影响。因此，在研究时可以聚焦非常规油气勘探和开发的战略投资决策问题，研究勘探开发阶段石油区块限额资金分配问题，构建多目标决策模型，通过权衡多个冲突目标以获得问题满意解，从而辅助上游石油企业进行投资规划决策。

## 2.5.2　无现成成功经验照搬

水平井和分段压裂技术促使了美国和加拿大页岩气的商业化开发，Wilczynski
和 Ashraf[106]指出开发技术固然重要，项目投资组合管理和开发投资规划也同等重
要，并最终决定谁会是页岩气市场上真正的赢家。一般而言，收益和风险是成正
比的，现代投资组合理论虽能辅助勘探开发企业得出有效前沿解，但并不能告诉
企业哪一个有效投资组合最为有利，最终方案的选择还取决于决策者或企业的风
险持有态度。Walls[83]把现代投资组合和风险偏好理论相结合，让石油企业可以根
据自身风险偏好选择最优投资方案。另外，非常规油气资源开发不仅要注重企业
的盈利状况和风险程度，还要尽可能减少对环境的破坏力度、增加社会效益及确
保国家能源安全等，而这些目标在实现的过程中往往会产生冲突，如何权衡和优
化这些目标是非常规油气资源开发投资决策的一个关键问题[99]。另外，每阶段开
发资金的分配直接影响到该阶段油气产量的实现，还会对今后的最终油气可采储
量产生影响，且成为石油企业现金流变化的直接原因[107]。非常规油气资源开发投
资是一个多阶段动态最优化问题[103]。Motta 和 Raulino[108]剖析了页岩气在开采过
程中面临的诸多经济和技术性风险，Wood[109]用多阶段方法来管理石油企业勘探
开发投资中的各类风险。

另外，国内外很多学者还针对页岩气区块优化选择问题做了相关研究。优选
资源禀赋较高的页岩气区块并对具有商业开采价值的储层进行勘探，是实现页岩
气开采商业成功的关键一步[110]。杨红昌和张立[111]在地质资源禀赋条件的基础上，
考虑投资规模和燃气市场条件对页岩气投标区块进行选择排序，希望选择出更具
投资价值的区块。梁冰等[112]根据地质参数建立页岩气区块灰靶决策模型，用以评
价区块的可采性。李武广等[113]利用模糊优化方法对页岩气有利区块进行综合评
价，优选出可试验开发的核心目标区。然而，我国与北美地区的页岩气形成条件
不同，页岩气区块选取不能照搬美国的评价标准和勘探经验。

## 2.5.3　多阶段、多目标、多属性的决策优化问题

常规油气资源勘探开发决策模型相对比较成熟，石油企业多使用现代资产组
合理论、实物期权法和多属性效用理论等方法来优化决策过程。这些方法的使用
确实提升了常规油气资源的勘探开发决策质量，但这些研究往往只关注了利润和
风险。实物期权理论虽然关注了油气价格波动及其他不确定性影响因素，但主要
解决的是油气资源开发的相机抉择和投资与否问题，投资规模确定、资源分配及
项目选择等一系列决策问题并不适合用该方法来解决。况且，上述方法并没有考

虑石油企业油气资源所具有的独特属性及由此产生的不确定性等，并且还忽视了与非常规油气资源开发所密切相关的水资源消耗、技术进步及环境保护等一系列相关问题，也没有考虑决策方案应随着环境变化而进行动态调整，实际应用效果不尽理想。尽管有大量的研究围绕非常规油气资源在延缓常规石油生产峰值到来起到的作用展开讨论，但目前有关非常规油气资源勘探开发投资决策问题的研究却相对甚少，总体上仍处于探索阶段。由于非常规油气地质资源属性特殊和市场变化的高度不确定性等，原有的常规油气资源勘探开发决策方法已不再适用，有必要应用新的理论和方法，结合非常规油气资源勘探开发的特殊性来解决其勘探开发投资决策问题。

## 2.6　本章小结

综上所述，国内外学者在非常规油气资源发展潜力及前景分析、油气资源勘探开发决策优化模型等方面已开展了众多前沿性的研究，取得了较大的进展，为本书的研究工作奠定了良好的基础。但是，由于非常规油气资源属性特殊，如何根据非常规油气资源特征及其勘探开发投资决策的复杂性，运用运筹学、决策科学、控制论及系统论等理论和方法，把非常规油气资源勘探开发投资决策问题进行形式化表述，并进行投资决策模型的应用研究仍是该领域亟待研究和解决的关键问题之一。因此，本书在前人研究基础上，重点研究非常规油气资源勘探开发的投资决策优化模型并进行定量的决策分析，以提高投资决策效果并尽快促使我国非常规油气资源的商业化开发。

### 参 考 文 献

[1] 耶金 D. 能源重塑世界[M]. 朱玉犿，阎志敏，译. 北京：石油工业出版社，2012：51-52.

[2] 汪益宁，滕蔓，郝诗濛. 非常规油气资源选区评价方法研究[J]. 中国石油和化工标准与质量，2013，（6）：167-168.

[3] Meneley R A，李大荣，黎发文. 油气资源评价方法的现状及其未来发展方向[J]. 国外油气地质信息，2003，（4）：30-33.

[4] Neber A，赵川喜，江文全. 非常规油气资源区带的系统评价：一种基于区带的勘探新方法[J]. 石油地质科技动态，2013，（3）：71-87.

[5] 张杰，金之钧，张金川. 中国非常规油气资源潜力及分布[J]. 当代石油石化，2004，12（10）：17-19.

[6] Schmoker J W. Resource-assessment perspectives for unconventional gas systems[J]. AAPG Bulletin，2002，86（11）：1993-1999.

[7] Olea R A，Cook T A，Coleman J L. A methodology for the assessment of unconventional（continuous）resources with an application to the Greater Natural Buttes Gas Field，Utah[J]. Natural Resources Research，2010，19（4）：237-251.

[8] 周总瑛, 白森舒, 何宏. 成因法与统计法油气资源评价对比分析[J]. 石油实验地质, 2005, 27 (1): 67-73.

[9] 郭秋麟, 周长迁, 陈宁生, 等. 非常规油气资源评价方法研究[J]. 岩性油气藏, 2011, 23 (4): 12-19.

[10] 董大忠, 邹才能, 李建忠, 等. 页岩气资源潜力与勘探开发前景[J]. 地质通报, 2011, 30 (2-3): 324-336.

[11] 赵靖舟, 方朝强, 张洁, 等. 由北美页岩气勘探开发看我国页岩气选区评价[J]. 西安石油大学学报 (自然科学版), 2011, 26 (2): 1-9.

[12] 刘超英. 页岩气勘探选取评价方法探讨[J]. 石油实验地质, 2013, 35 (5): 564-570.

[13] 邱振, 邹才能, 李建忠, 等. 非常规油气资源评价进展与未来展望[J]. 天然气地球科学, 2013, 24 (2): 238-246.

[14] 童晓光, 张光亚, 王兆明, 等. 全球油气资源潜力与分布[J]. 地学前缘, 2014, 21 (3): 1-9.

[15] 温绍军. 实物期权法在深海油气勘探开发中的应用研究[D]. 杭州: 浙江大学, 2006.

[16] 刘清志, 王婷, 窦吉芳. 非常规油气资源经济评价研究[J]. 河南科学, 2012, 30 (10): 1544-1548.

[17] 焦姣, 杨金华, 田洪亮. 致密油地质特征及开发特性研究[J]. 非常规油气, 2015, 2 (1): 71-75.

[18] Greene D L, Hopson J L, Li J. Have we run out of oil yet? Oil peaking analysis from an optimist's perspective[J]. Energy Policy, 2006, 34 (5): 515-531.

[19] Greene D L, Jones D W, Leiby P N. The outlook for US oil dependence[J]. Energy Policy, 1998, 26 (1): 55-69.

[20] Sovacool B K. Solving the oil independence problem: is it possible? [J]. Energy Policy, 2007, 35 (11): 5505-5514.

[21] 邹才能, 翟光明, 张光亚, 等. 全球常规-非常规油气形成分布、资源潜力及趋势预测[J]. 石油勘探与开发, 2015, 42 (1): 13-25.

[22] de Castro C, Miguel L J, Mediavilla M. The role of non-conventional oil in the attenuation of peak oil[J]. Energy Policy, 2009, 37 (5): 1825-1833.

[23] 严陆光, 陈俊武, 周凤起, 等. 我国中远期石油补充与替代能源发展战略研究[J]. 电工电能新技术, 2006, 25 (4): 1-14.

[24] 黄鑫, 董秀成, 肖春跃, 等. 非常规油气勘探开发现状及发展前景[J]. 天然气与石油, 2012, 30 (6): 38-41.

[25] 贾承造, 郑民, 张永峰. 中国非常规油气资源与勘探开发前景[J]. 石油勘探与开发, 2012, 39 (2): 129-136.

[26] British Petroleum Company. BP statistical review of world energy 2011[R]. 2011.

[27] 邹才能, 杨智, 崔景伟, 等. 页岩油形成机制、地质特征及发展对策[J]. 石油勘探与开发, 2013, 40 (1): 14-26.

[28] 刘人和, 王红岩, 王广俊, 等. 中国油砂矿资源开发利用潜力与前景[J]. 天然气工业, 2009, 29 (9): 126-128.

[29] 杨涛, 张国生, 梁坤, 等. 全球致密气勘探开发进展及中国发展趋势预测[J]. 中国工程科学, 2012, 14 (6): 64-68.

[30] 邹才能, 陶士振, 白斌, 等. 论非常规油气与常规油气的区别和联系[J]. 中国石油勘探, 2015, 20 (1): 1-14.

[31] 李建忠, 董大忠, 陈更生, 等. 中国页岩气资源前景与战略地位[J]. 天然气工业, 2009, 29 (5): 11-16.

[32] 国家能源局. 页岩气发展规划 (2016—2020 年) [R]. 2016.

[33] Mohr S H, Evans G M. Long term prediction of unconventional oil production [J]. Energy Policy, 2010, 38 (1): 265-276.

[34] 董大忠, 程克明. 页岩气资源评价方法及其在四川盆地的应用[J]. 天然气工业, 2009, 29 (5): 33-39.

[35] Ratner M, Tiemann M. An overview of unconventional oil and natural gas: resources and federal actions[R]. Congressional Research Service Report, USA, 2014.

[36] Staff R. Analysis: US shale gas could play large role in future production[EB/OL]. http://www. rigzone. com/news/article. asp?a_id=95222[2010-06-28].

[37] 李玉喜, 张金川. 我国非常规油气资源类型和潜力[J]. 国际石油经济, 2011, (3): 61-68.

[38] 赵文智, 胡素云, 沈成喜, 等. 油气资源评价方法研究新进展[J]. 石油学报, 2005, 26: 25-29.

[39] 李建忠，吴晓智，郑民，等. 常规与非常规油气资源评价的总体思路、方法体系与关键技术[J]. 天然气地球科学，2016，27（9）：1557-1565.

[40] 严陆光，陈俊武. 我国中远期石油补充与替代能源发展战略研究[J]. 电工电能新技术，2006，25（4）：1-14.

[41] Morgan R，Murphy C. The use of potential fields in the search for potential fields in the Faroe-Shetland area[J]. Spe Reservoir Evaluation & Engineering，1998，1（5）：476-484.

[42] 余跃. 中国非常规油气发展潜力——根据资源的认识和开采程度、勘探开发现状和技术的适应性，对不同的非常规油气资源应采取不同的勘探开发策略——专访全国政协委员、中国石油大学（北京）非常规天然气研究院院长宋岩教授[J]. 世界石油工业，2012，（4）：54-58.

[43] 董大忠，王玉满，李新景，等. 中国页岩气勘探开发新突破及发展前景思考[J]. 天然气工业，2016，36（1）.

[44] Hubbert M K. Degree of advancement of petroleum exploration in United States[J]. AAPG Bulletin，1967，51（11）：2207-2227.

[45] Root D H，Drew L J. The pattern of petroleum discovery rates[J]. American Scientist，1979，67（6）：648-652.

[46] Drew L J，Schuenemeyer J H，Root D H，et al. Petroleum-resource appraisal and discovery rate forecasting in partially explored regions-professional paper，1138 A-C[R]. Washington：US Government Publishing Office，1980.

[47] MacDonald D G，Power M，Fuller J D. A new discovery process approach to forecasting hydrocarbon discoveries[J]. Resource and Energy Economics，1994，16（2）：147-166.

[48] Power M，Fuller J D. A comparison of models for forecasting the discovery of hydrocarbon deposits[J]. Journal of Forecasting，1992，11（3）：183-193.

[49] Fisher F M. Supply and Costs in the US Petroleum Industry：Two Econometric Studies[M]. Washington：Resources for the Future，1964：58-80.

[50] MacAvoy P W，Pindyck R S. Alternative regulatory policies for dealing with the natural gas shortage[J]. The Bell Journal of Economics and Management Science，1973，4（2）：454-498.

[51] Moroney J R，Berg M D. An integrated model of oil production[J]. The Energy Journal，1999，20（1）：105-124.

[52] Pesaran M H. An econometric analysis of exploration and extraction of oil in the UK continental shelf[J]. The Economic Journal，1990，100（401）：367-390.

[53] Carruth A，Dickerson A，Henley A. What do we know about investment under uncertainty？[J]. Journal of Economic Surveys，2000，14（2）：119-154.

[54] Cleveland C J，Kaufmann R K. Forecasting ultimate oil recovery and its rate of production：incorporating economic forces into the models of M. King Hubbert[J]. The Energy Journal，1991，12（2）：17-46.

[55] Kilian L. Exogenous oil supply shocks：how big are they and how much do they matter for the US economy？[J]. The Review of Economics and Statistics，2008，90（2）：216-240.

[56] Walls M A. Modeling and forecasting the supply of oil and gas：a survey of existing approaches[J]. Resources and Energy，1992，14（3）：287-309.

[57] Walls M A. Using a 'hybrid' approach to model oil and gas supply：a case study of the Gulf of Mexico outer continental shelf[J]. Land Economics，1994，70（1）：1-19.

[58] Brandt A R. Review of mathematical models of future oil supply：historical overview and synthesizing critique[J]. Energy，2010，35（9）：3958-3974.

[59] McKie J W，McDonald S L. Petroleum conservation in theory and practice[J]. The Quarterly Journal of Economics，1962，76（1）：98-121.

[60] Burt O R，Cummings R G. Production and investment in natural resource industries[J]. The American Economic Review，1970，60（4）：576-590.

[61]　Kuller R G，Cummings R G. An economic model of production and investment for petroleum reservoirs[J]. American Economic Review，1974，64（1）：66-79.

[62]　Uhler R S. Costs and supply in petroleum exploration：the case of Alberta[J]. Canadian Journal of Economics，1976，9（1）：72-90.

[63]　Helmi-Oskoui B. A model of joint production of oil and gas from pumping wells[J]. The Journal of Energy and Development，1989，15（1）：17-32.

[64]　Rao R D. Modelling optimal exploitation of petroleum resources in India[J]. Resources Policy，2002，28（3）：133-144.

[65]　陈元千. 预测油气资源 Pareto 模型的建立、修正与应用——兼评我国现行的油田储量规模排序法[J]. 中国石油勘探，2008，13（4）：43-49.

[66]　戴家权，冯恩民，王勇. 油气资源勘探与开发的综合优化模型[J]. 工程数学学报，2004，21（3）：307-311.

[67]　金之钧，石兴春，韩保庆. 勘探开发一体化经济评价模型的建立及其应用[J]. 石油学报，2002，23（2）：1-5.

[68]　戴家权，王勇，冯恩民. 油气资源勘探与开发的不确定性分析及最优策略[J]. 系统工程理论与实践，2004，24（1）：35-40.

[69]　郭元岭. 对油气勘探开发一体化工作方式的探讨[J]. 中国石油和化工经济分析，2005，（22）：22-25.

[70]　李传华，郭元岭. 油气勘探开发一体化工作方式的探讨[J]. 断块油气田，2006，13（4）：43-45.

[71]　李士伦. 气田开发方案设计[M]. 北京：石油工业出版社，2006：117-134.

[72]　王众，张哨楠，匡建超. 基于动态 MAUT 的油气勘探风险决策模型研究[J]. 中国矿业，2010，19（1）：110-113.

[73]　Suslick S B，Schiozer D J. Risk analysis applied to petroleum exploration and production：an overview[J]. Journal of Petroleum Science and Engineering，2004，44（1）：1-9.

[74]　Walls M R. Corporate risk tolerance and capital allocation：a practical approach to implementing an exploration risk policy[J]. Journal of Petroleum Technology，1995，47（4）：307-311.

[75]　李在光，杨占龙，刘俊田，等. 多属性综合方法预测含油气性及其效果[J]. 天然气地球科学，2006，17（5）：727-730.

[76]　Suslick S B，Furtado R. Quantifying the value of technological，environmental and financial gain in decision models for offshore oil exploration[J]. Journal of Petroleum Science and Engineering，2001，32（2）：115-125.

[77]　Smalley P C. 油气勘探和资产管理的风险和不确定性控制综述[J]. 石油地质科技动态，2009，（2）：1-9.

[78]　Orman M M，Duggan T E. Applying modern portfolio theory to upstream investment decision making[J]. Journal of Petroleum Technology，1999，51（3）：50-53.

[79]　吴枚，韩文秀，林盛. 石油公司投资组合优化模型研究[J]. 数学的实践与认识，2003，33（4）：13-21.

[80]　郭秋麟，米石云，谢红兵，等. 勘探目标投资组合的优化模型及其应用[J]. 中国石油勘探，2005，10（2）：53-57.

[81]　郭秋麟. 考虑地质风险的勘探项目投资组合优化模型[J]. 石油勘探与开发，2007，34（6）：760-764.

[82]　王震. 基于 Markowitz 资产组合理论的油气勘探开发投资决策[J]. 石油大学学报（自然版），2008，32（1）：152-155.

[83]　Walls M R. Combining decision analysis and portfolio management to improve project selection in the exploration and production firm[J]. Journal of Petroleum Science and Engineering，2004，44（1-2）：55-65.

[84]　闫伟. 基于动态模型的油田勘探开发项目的投资优化[J]. 中国石油大学学报（自然科学版），2006，30（6）：141-144.

[85]　White D A，Gehman H M. Methods of estimating oil and gas resources[J]. AAPG Bulletin，1979，63（12）：2183-2192.

[86] 徐耀宗. 蒙特卡罗法在石油资源量估算中的应用[J]. 石油勘探与开发，1987，14（2）：34-39，24.

[87] Nikulshina E. Prospects for discovery of new hydrocarbon deposits on the Yamal shelf of the Kara Sea[C]. 4th EAGE St.Petersburg International Conference and Exhibition on Geosciences—New Discoveries through Integration of Geosciences，2010.

[88] Murtha J A. Monte Carlo simulation：its status and future[J]. Journal of Petroleum Technology，1997，49（4）：361-373.

[89] Choucri N，Heye C，Lynch M. Analyzing oil production in developing countries：a case study of Egypt[J]. The Energy Journal，1990，11（3）：91-115.

[90] 吴冲龙，王燮培，毛小平，等. 油气系统动力学的概念模型与方法原理——盆地模拟和油气成藏动力学模拟的新思路，新方法[J]. 石油实验地质，1998，20（4）：319-327.

[91] Chowdhury S，Sahu K C. A system dynamics model for the Indian oil and gas exploration/exploitation industry[J]. Technological Forecasting and Social Change，1992，42（1）：63-83.

[92] Davidsen P I，Sterman J D，Richardson G P. A petroleum life cycle model for the United States with endogenous technology，exploration，recovery，and demand[J]. System Dynamics Review，1990，6（1）：66-93.

[93] Naill R F. A system dynamics model for national energy policy planning[J]. System Dynamics Review，1992，8（1）：1-19.

[94] Tang X，Zhang B，Höök M，et al. Forecast of oil reserves and production in Daqing oilfield of China[J]. Energy，2010，35（7）：3097-3102.

[95] Kiani B，Pourfakhraei M A. A system dynamic model for production and consumption policy in Iran oil and gas sector[J]. Energy Policy，2010，38（12）：7764-7774.

[96] 刘志斌，王君. 基于系统动力学的油价预测[J]. 工业技术经济，2009，28（5）：98-101.

[97] 陈海涛. 基于系统动力学的中国石油需求系统模型及预测[J]. 统计与决策，2010（20）：98-101.

[98] 张在旭，王只坤. 石油勘探开发可持续发展 SD 模型的建立与应用[J]. 工业工程，2002，5（2）：1-6.

[99] Luehrman T A. What's it worth? A general manager's guide to valuation [J]. Harvard Business Review，1997，75（4）：132-142.

[100] Walls M R，Dyer J S. Risk propensity and firm performance：a study of the petroleum exploration industry [J]. Management Science，1996，42（7）：1004-1021.

[101] Dyer J S，Fishburn P C，Steuer R E，et al. Multiple criteria decision making，multiattribute utility theory：the next ten years[J]. Management Science，1992，38（5）：645-654.

[102] Wallenius J，Dyer J S，Fishburn P C，et al. Multiple criteria decision making，multiattribute utility theory：recent accomplishments and what lies ahead[J]. Management Science，2008，54（7）：1336-1349.

[103] Sun J F，Hu X P. A dynamic multiple attribute decision-making model of unconventional oil exploration and exploitation under uncertainty[J]. ICIC Express Letters—an International Journal of Research & Surveys. Part B：Applications，2012，3（s 1-2）：130-140.

[104] Sun J F，Hu X P. A Dynamic Programming Decision-Making Model of Investment Policy for Unconventional Oil Exploitation//Intelligent Decision Technologies[M]. Berlin，Heidelberg：Springer Verlag，2012：341-351.

[105] Sun J F，Ding Q L，Wang X M，et al. An investment decision-making model of unconventional oil exploration and development[J]. ICIC Express Letters—an International Journal of Research and Surveys，2013，7（1）：131-137.

[106] Wilczynski H，Ashraf M. Unconventional gas uncertainty—the implications on portfolio management and development practices//SPE Hydrocarbon Economics and Evaluation Symposium[C]. New York：Society of Petroleum Engineers，2010：238-245.

[107]　郑玉华，罗东坤. 油气勘探开发投资优化[J]. 石油勘探与开发，2009，36（4）：535-540.

[108]　Motta R R，Raulino J V D. Investment risks inherent to production of shale gas in new markets//SPE/EAGE European Unconventional Resources Conference and Exhibition[C]. New York：Society of Petroleum Engineers，2014.

[109]　Wood D A. Three-stage approach proposed for managing risk in E&P portfolios[J]. Oil & Gas Journal，2000，98（43）：69.

[110]　王世谦，王书彦，满玲，等. 页岩气选区评价方法与关键参数[J]. 成都理工大学学报（自然科学版），2013，40（6）：609-621.

[111]　杨红昌，张立. 投资和市场在页岩气区块优选中的影响分析[J]. 天然气工业，2014，34（6）：49-154.

[112]　梁冰，代媛媛，陈天宇，等. 基于区间数地质参数的页岩气勘探开发区块优选[J]. 天然气工业，2013，（12）：54-59.

[113]　李武广，杨胜来，王珍珍，等. 基于模糊优化分析法的页岩气开发选区模型[J]. 煤炭学报，2013，38（2）：264-270.

# 第3章 非常规油气资源勘探开发投资过程及其复杂性分析

本章分析石油企业进行非常规油气资源勘探开发时所要面临的一系列投资决策问题，指出其在进行非常规油气资源勘探开发投资时所要考虑的目标要求，通过剖析非常规油气资源勘探开发投资决策过程并总结提炼呈现的结构特征，依据非常规油气资源属性特点，分析非常规油气资源勘探开发投资决策问题及其决策过程的复杂性，为非常规油气资源勘探开发投资决策问题的形式化表达和模型构建奠定基础。

## 3.1 勘探开发投资决策问题描述

虽然非常规油气资源勘探开发风险非常大、投资额高且对环境破坏力度较大，然而对石油企业来说仍具有较大的诱惑力。以页岩气为例，一旦获取页岩气工业流之后，其成本投资回收期非常短，单井产量虽低但稳产周期长，无疑增加了石油企业长期获利的机会。另外，对于石油企业来说，越早涉入也越能抢占先机并有利于业务的开拓和转型。现某石油企业已经取得了某盆地的探矿权和开采权，欲进行非常规油气资源的勘探和开发，为便于管理和控制，石油企业往往按照非常规油气资源地质属性和地理位置等特征把该盆地细分成若干个区块。为尽快地实现非常规油气资源的产业化与商业化开发，该石油企业需要重点关注非常规油气资源勘探和开发的战略投资决策及规划问题。为降低投资风险，石油企业用于该盆地的非常规油气资源勘探和开发的投资是有预算限制的，并且投资规模会随着每年的投资方案执行情况及内外部环境条件变化进行相应的调整，不同的分配方案会产生不同的结果，使各区块的产量、利润、现金流、储量接替率及储采比等都会有所不同。

在非常规油气资源勘探开发初期，石油企业的首要问题就是每年在投资预算有限的情况下，如何根据内外部环境的变化确定勘探活动和开发活动的投资规模，即合理分配用于勘探和开发的投资资金。若勘探投资资金过多，就会造成油气储量多，资金积压现象严重；若开发投资资金过多，则油气储量跟不上，石油企业的可持续发展受到影响，进而影响国家能源安全。非常规油气资源勘探和开发的整个投资分配决策过程具有高风险性、高复杂性及高不确定性，一旦决策失误，将使石油企业遭受巨大的经济损失，并对环境产生不可恢复的破坏。因此，如何合理分配勘探投资和开发投资是影响石油企业能否实现非常规油气资源长远发展的一个关键问题。

勘探投资规模确定以后，石油企业接下来的任务就是如何在各勘探区块间进行勘探投资的资源分配决策，即进行区块优选问题以指明勘探投资的方向和优先次序。需要注意的是，这些勘探区块的地质资源属性、原始地质储量、地理位置和条件，以及要求的开采技术、基础设施投入力度等都有所不同。因此，石油企业在实际进行大规模勘探投资之前，都要根据前期获得的探井和钻井资料、地质勘查、水资源等关键信息，结合专家的估测，利用科学有效的方法对这些区块进行对比分析和综合权衡之后，筛选出最具有投资价值的非常规油气区块并进行排序，石油企业可以根据自己的实力选择其中的一个或多个区块进行勘探开发。

开发投资规模确定以后，就涉及区块间开发投资分配及开发项目投资组合问题。根据前期的探井和钻井等工作资料，经多方论证，基本可以预测到近中期内每年的新增油气探明储量，在各区块每年新增探明储量已知的情况下，每年年初都要根据当前面临的状态和获取的开发投资额度进行区块间开发资金的合理分配和开发项目的投资组合，以满足投资收益高、环境破坏力度小、开采成本较低和投资风险低等不同目标需求。需要注意的是，不同的石油企业类型或者即使同一石油企业不同阶段在进行开发投资时所考虑的目标需求不同。例如，在进行油砂开采时因其前期投入比较大，且油砂的开采、运输、提炼，到最后的合成原油，都需要大量的资金投入，因此，每年现金流的最大化是石油企业追求的一个目标。而随着开发活动的不断进行，还需要投入许多重型的挖掘机、运输卡车，偏远地区还需要修建道路并利用柴油进行发电等开发建设工作，油砂开采过程中会产生大量的碳排放、需要大量的水资源并会造成地表的损坏，因此，还要求每年对环境的破坏程度降到最低。最后，开发整体投资活动还要考虑风险的度量，尽可能地降低投资风险。可见，石油企业在进行开发投资决策时不能用一种统一的方式来解决问题，需要分类、分阶段地对待目标需求的实现。

另外，不同区块间蕴含的油气地质储量、地质资源属性、开采环境和条件差别较大，这使区块的商业开发价值也具有一定的差异性。再加上这些区块的开发收益和所要承担的风险因内外部环境变化，如油气价格的波动起伏、技术的进步及环境要求等具有较高的不确定性，因此，石油企业要求在投资规划时应考虑投资策略的灵活性调整，依据不同年度所处的状态和最新信息重新评估投资水平，及时调整开发投资组合优化方案，尽可能地降低非常规油气资源开发中的非系统性风险，以对这种固有的不确定性做出快速反应。由此，管理层必须根据已掌握的最新勘探开发数据和信息等及时调整年度投资预算，权衡非常规油气资源开发潜在的收益和风险,并根据不同区块展现的未来收益情况等调整投资分配方案,以实现区块间开发资金的科学合理分配。

## 3.2 勘探开发投资决策过程分析

### 3.2.1 全生命周期的长期投资规划决策过程分析

石油企业或国有石油企业,终归是商业化的公司,除了承担国家能源安全责任、社会责任之外,长期来看还是以追求商业利润最大化为最终目标。非常规油气资源开发年限较长,一般 30～50 年,甚至 80 年,开展油气勘探和开发投资结构的长期优化研究和资金的内部优化研究,对于石油企业制定长期发展战略规划以实现整体利益的提高具有举足轻重的作用[1]。因此,石油企业应按照自身的经济效益和发展条件,制定出科学合理的长远投资规划,以尽早实现非常规油气资源开发的产业化和商业化。石油企业在投资决策时除了要考虑整体的长远效益之外,还应注重各个年度的综合优化平衡,以实现非常规油气资源勘探开发长期利益与短期利益的相互协调。具体的勘探开发长短期投资决策规划过程如图 3.1 所示。

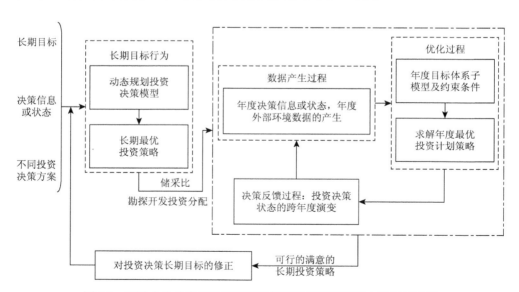

图 3.1 石油企业非常规油气资源勘探开发长短期投资决策规划过程

从理论上来讲,石油企业在制定长期投资目标规划时,长远规划可按照最优化理论,利用动态规划方法建立投资决策模型,以寻求整个勘探开发生命周期内的最优化,求得一个长期的最优化投资策略。然而,非常规油气资源开发受原油价格、技术进步、环境要求等影响颇大，并且原油价格始终处于波动状态且难以预测，技术进步也日新月异，无法预测何时会有技术的重大突破，不同地区环保力度要求也不相同。因此，对于石油企业来说，试图采用决策科学的方法得到一个总体最优化的决策结果或动态最优化决策是非常困难的。由于非常规油气地质资源属性特殊，开发过程中这些资源在时间和空间上都具有不同程度的变化，再加上开采寿命周期长，随着技术进步、油价变动、管理水平等影响，投资决策所依据的关键信息会发生不同程度的变化，石油企业应根据这些变化信息及时地调整投资策略。因此，每年度都有必要在总体目标的指导和要求下，根据所获取的内外部数据和信息，不断地调整年度投资策略，以实现投资规划期内勘探开发投资的动态化调整，这就使得出的勘探和开发投资策略不可能会是整个勘探开发生命周期内的最优策略（最优亦不现实），而有可能是在"次优策略"基础上给出石油企业的长远投资规划方案，这更符合实际情况。

　　在长期目标战略指导下，石油企业以寻求合理的储采比和勘探开发投资分配方案为出发点，每年根据获取的最新相关数据和信息如油价波动率、技术进步情况、投资预算额度、其他勘探开发等内外部环境信息，以及决策的结果和变化，运用运筹学、递推规划、决策优化方法和理论，建立非常规油气资源勘探开发的长短期投资决策规划模型，描述现实和最优化之间的优化调整过程，在年度不同目标需求的影响下，求解每年的最优投资策略。另外，每年投资决策的状态是处于演变过程中的，根据年度决策结果可以制定投资决策反馈过程，从而可以修正投资决策的长期目标，以获取可行的或令人满意的长期投资策略或投资方案，从而有效地提高非常规油气资源勘探开发投资资金的使用效率和企业的整体经济效益。

### 3.2.2　基于分层递阶结构的年度投资决策过程分析

#### 1. 年度勘探开发投资决策过程

　　每年年初，石油企业都需要在资本预算有限的情况下，合理分配用于非常规油气资源勘探活动和开发活动的资源，并在不同区块间进行勘探投资和开发投资的优化配置。用于勘探活动的投资是石油企业未来油气产量增长的主要推手，虽然当期的勘探投资和当期储量增长并无明确的因果关系，但累计勘探投资数额却直接影响累计油气探明储量，不同的资本分配方案在现有技术条件下将会产生不同的原始地质储量和技术可采储量。需要注意的是，在探明的累计储量中，只有一部分是技术可采储量，在现有的油价和生产成本下，技术可采储量中的部分储量的开采具有经济性，称为经济可采储量。另外，用于非常规油气区块开发活动的投资数额直接影响石油企业的油气最终可采储量和油气采收率，并最终影响非常规油气产出，是石油企业短期内提高产量、获得最大利润的有效方式，这和常规油气资源的开发投资效果是一样的。储量接替率是衡量石油企业非常规油气资源发展潜力的一个重要判别标准，潜在的开发能力受探明储量年增长量和原油年产量影响。储量接替率高，说明用于勘探活动的投资过多，造成资金积压，使勘探成本-效益比较低；而储量接替率低，则说明用于开发活动的投资较大，使油气储量跟不上，石油企业非常规油气资源的可持续发展能力受到威胁。因此，合理的勘探和开发投资比例是保证储量接替率合理的内在因素，有利于保持储采平衡，确保上游业务的稳定发展[1]。具体的决策过程如图 3.2 所示。

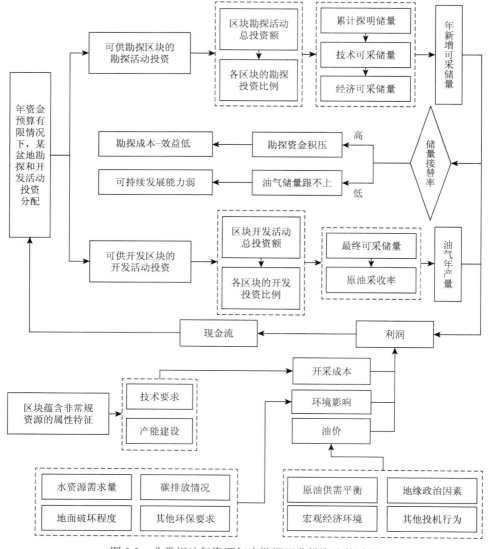

图 3.2  非常规油气资源年度勘探开发投资决策过程

从图 3.2 可以看出，石油企业的利润和油气产量、油气价格、开采成本及环境治理成本等之间有着密切的关系，而利润的高低直接影响石油企业现金流的高低，本年度现金流的多少又直接决定着下一年度用于非常规油气资源勘探和开发活动的投资数额。总体而言，全球石油企业的勘探开发投资规模基本上和石油价格的增减趋势是一致的，当油价上涨时，石油企业生产石油的毛利增加，进而企业会增加勘探开发投资规模，而当油价下跌时，获利减少，企业就会减少用于上游的投资而增加下游投资[2]。2015 年以来，油价长期低迷，在 40～60 美元/桶的区间不断徘徊，这使石油企业的收入锐减，而非常规油气资源开发的经济性又和油价本身密切相关，油价受地缘政治因素和投机行为因素等影响难以预测，这无疑增加了非常规油气资源勘探的投资难度和决策难度，使石油企业投资决策更为谨慎。

### 2. 勘探开发投资决策过程的四层递阶结构

非常规油气资源的勘探开发投资决策，主要涉及四个方面的序列投资决策问题：一是用于非常规油气资源勘探开发的整体投资预算，额度由集团公司或者上级部门确定；二是在总投资预算指导下，勘探活动和开发活动的投资规模的确定；三是勘探投资决策，它是在上一级勘探投资规模确定基础上进行的，需指明下一步勘探投资的方向和次序；四是开发投资决策也是在上一级开发投资规模确定基础之上进行的，可以和勘探投资决策平行进行，要求在各开发区块间进行资源分配或者开发项目的组合优选。这四个问题相互独立但又相互关联，从而形成一个多级决策结构，且每一级决策单元所追求的目标是不一样的，有其自身特殊的决策规律和要求。勘探开发投资决策问题的递阶结构具体可以由图 3.3 表示。

第 I 层，非常规油气资源勘探开发整体投资预算。随着勘探开发力度的不断深入，石油企业对非常规油气资源及其属性特征的认识逐步明朗，每年年末，石油企业的重要任务之一就是要根据企业整体经营情况、上一年度该盆地非常规油气的整体勘探开发情况及未来开采的经济性和可行性条件等，调整下一年度整体投资规模，即用于非常规油气资源勘探和开发活动的年度投资预算额度。

第 II 层，勘探和开发活动的投资规模。虽然勘探开发是一体化作业，有不少的交叉作业点，但实际工作中，勘探和开发活动的资源分配仍是分开进行的，需要每年年初确定分别分配至勘探活动和开发活动的投资金额。不同决策将导致截然不同的结果，且做决策时将受到内外部环境不确定因素的长期影响，导致上游石油企业即使在利用工具制定投资决策时仍面临诸多不确定性因素。因此，石油企业在每年投资预算已知且有限的情况下，需权衡多重目标的影响，合理分配用于勘探活动和开发活动的资金，这是石油企业非常规油气资源可持续发展的关键任务。

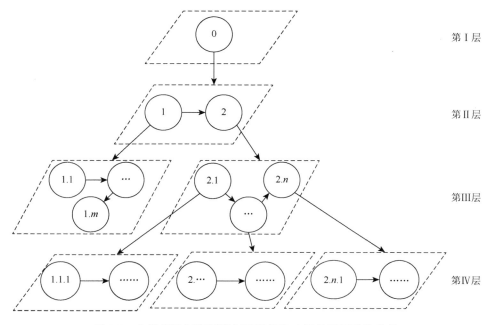

图 3.3　非常规油气资源勘探开发投资决策的四层递阶结构

第 III 层，勘探投资决策。根据已获取的勘探投资金额，在不同的非常规油气资源区块间进行资源分配，不同的区块间呈现的地质资源属性及资源量等差别较大，即使资源量大，因其地理位置和条件、需投入的基础设施等规模不同，也严重影响其未来能否规模化勘探开发。因此，应把有限的资金用于最具有商业价值的区块进行勘探，指明勘探的方向和投资的优先次序，这是石油企业勘探投资的重要任务。

第 IV 层，开发投资决策。这一层也可以和第 III 层勘探投资决策并行进行，石油企业应根据已获取的开发投资数额在不同的开发区块间进行合理的资金分配和项目优选。不同区块的商业价值实现程度不一，到底该投资哪一个或哪几个区块及该投资多少是石油企业开发投资时重点考虑的内容，也关系到最终非常规油气资源能否实现商业化开发，因此区块间开发投资的分配也是关键任务之一。另外，由于区块间蕴含的非常规油气资源类型不一，个别区块不但产石油，还产天然气，而非常规石油和非常规天然气的商业价值实现也有一定的差别，到底先选择哪一个项目或哪几个非常规油气资源项目进行开发也是开发投资分配时重点考虑的内容。

### 3.2.3　长短期投资的多阶段决策过程分析

由于非常规油气资源勘探开发的复杂性和不确定性，以及对埋藏于地下的非常规油气资源地质属性等认识的不完全性，对非常规油气资源的勘探开发投资决策不可能一次性完成，其投资决策往往都是按年度进行的，勘探开发投资就是一个持续不断、贯穿多个阶段的动态调整决策过程。随着勘探开发力度的不断深入，企业会及时地调整非常规油气资源开发的投资额度，并根据不同区块展现的地质和开采特征进行资源分配，以获取较好的投资效果。由于对区块的认知程度在不断增加，加上外界因素，如油价、技术进步、环境要求等也在不断发生变化，决策者需要在下一年年初，根据上一年的决策结果（又是本年度做出决策的出发点和依据）及获取的最新数据信息调整下一年的勘探开发投资策略，而本年度的决策做出后又会产生一些新的情况及获取一些新的信息，需要产生新的决策。这样决策、新情况、决策……每年都要做出相应的投资决策，且投资阶段是相互联系的，各个阶段决策的选择也不是任意确定的，既依赖于当前面临的状态，又要考虑未来的发展及影响，且该阶段的决策往往会影响下一阶段的决策，从而影响整个投资决策过程。整个投资规划期的决策就构成一个投资决策序列，它属于多阶段决策问题的序贯决策问题，具体的投资决策过程示意图如图 3.4 所示（$D_{t,j}$ 是在第 $t$ 年开始时可以选择的第 $j$ 种开发投资方案）。

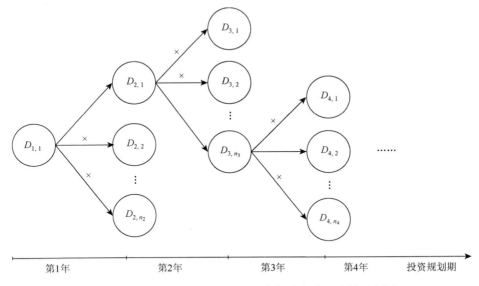

图 3.4　非常规油气资源勘探和开发投资多阶段决策示意图

　　由此可见，非常规油气资源勘探开发投资优化是一个多阶段动态最优化问题，不同的分配方案会产生不同的结果，使各区块的产量、利润、现金流、储量接替率及储采比等都会有所不同，各年的决策不仅决定自己的状态，又影响下一年的决策，进而影响整个决策过程的优化。每年年末，石油企业都要根据实际情况进行资金预算方案调整，并于下一年年初进行勘探和开发投资的分配，每阶段勘探开发资金的分配会影响到本阶段非常规油气资源储量和产量的实现，并会对今后的储量发现规律及最终可采储量产生影响，且成为石油企业现金流变化的直接原因。

## 3.3　投资决策问题的复杂性分析

长期而言，石油企业是追求企业利润最大化的，但是对于勘探开发非常规油气资源的石油企业而言，单一追求利润最大化的目标是不现实的。利润最大化只是非常规油气资源勘探开发多个冲突目标中的一个，现金流、环境影响、技术进步和其他社会效益等目标都应予以考虑，并且在做决策时还须考虑油价、技术进步、温室气体排放、水资源消耗等关键因素，但地缘政治因素、投机行为及其他不可预料行为的存在使油价无法准确预测，也不能确定何时会有技术的突破，以及新的技术进步到底能减少多少开采成本。另外，非常规油气区块都有着各自的独特属性而有可能要求不同的技术和投资，最重要的是，开采的方法或者技术要求不一则会产生不同的环境破坏力度，要求不同的环境保护治理成本，这些都给投资决策增加了难度，它是一个复杂的系统决策问题。

### 3.3.1　非常规油气资源储量和产量的不确定性

非常规油气资源的连续性分布特征，使其资源分布区域面积都非常大，多达数千平方公里，这使勘探工作不可能在整个区域进行，所获取的有关地质资源信息也不可能是一个确定的值，而只能选择与其地质资源属性相似的或已经开发过的区块进行对比，采用资源类比法、经验判断法或体积法等大致确定其资源分布面积和储量，这种方法虽然节约了勘探成本，但储量只是一个具有较大变化范围的估测值。另外，在整个非常规油气区块，如果资源分布连续不稳定，对其储量和产量的影响也甚大，从而影响其投资规模；即使资源分布稳定，在这一区域面积中页岩的有效厚度、埋藏深度等也不可能是一个均匀的数值，而不同的有效厚度和埋深会使探井和钻井数量不一样，则投资金额不一样。另外，由于非常规油气资源多埋藏于地下数百米甚至数千米，现有的技术并不能完全捕捉油气田储藏的复杂性，且构造的异质性使传统气藏探测技巧也不能充分发挥作用，不能完全掌握地下资源的孔隙度、开采成本、开采技术和经济开采量等，这种不确定性给投资效果所带来的挑战贯穿整个生命周期。由此可见，非常规油气区块规模较大，仅有一小部分的实际储量被勘探过，区块蕴含的原始地质储量无法准确确定，则其经济和技术可采储量也具有很大的不确定性，使石油企业进行开采的风险程度增加，无法确信其到底是否值得投资，增加了投资决策的难度。

### 3.3.2 储量规模和其商业价值的非正相关性

非常规油气资源开发具有高度的不确定性，油价、技术条件及成本等都是不确定性因素，这些不确定性因素遍布整个决策过程和决策阶段。每一区块的收益和风险都会因地质资源属性、地质储量、开采条件、地理位置及环保支出不同而有所差别。因此，即便是得知某区块已经拥有了丰富的原始地质资源储量，企业也不能就此盲目乐观选择并立即进行投资。对于大多数石油企业来说，除了肩负国家能源安全责任之外，考虑更多的还是企业自身的可持续发展和商业利益的实现。因此，在筛选这些非常规油气区块时，除了考虑区块本身油气资源的富集程度外，还要考虑这些资源的埋藏深度，埋藏深度直接影响其开采成本，埋藏越深，其开采成本就越高。企业若要开采，一般情况下先开采埋藏浅的，而后开采埋藏深的，这就会导致不同阶段有着不同的开采成本支出。

另外，这些区块多处于山区或丘陵地带，人员、开采工具和设备等运输极为不便，与输气主干网的页岩气连接线距离等也直接影响商业化开采，其在基础道路建设方面的投资也是一笔庞大的开支且投资还不可回收。以页岩气为例，一旦石油企业要实际开采某区块的页岩气，就需要进行钻井，页岩气独有的"井工厂"开采模式，需要钻井的数量较多，则需要往这些地方输送大量的人员、特种车辆和设备、大型钻机等机械设备，使道路基础设施方面的投资极为关键。另外，生产出的页岩气需要往外输送，运输途径主要是借助于管道，然而和美国管网铺设长度相差几十倍的中国天然气基础管网建设比较薄弱，可能无法利用现有的管道进行输送，地处偏远的话则离可用的基础管网较远，与主管道的连接线或者管网投资也十分巨大且投资具有极强的不可逆和不可回收性。因此，这两个方面的基础设施投资在进行区块投资优选时也是一个不容忽视的关键问题，其投资规模的大小也势必会给石油企业在非常规油气资源经济化开采方面带来巨大压力。

此外，商业价值的实现还和油价密切相关。石油虽是一种商品，但它是一种特殊的商品，其价格不像其他商品一样多受供求价格的影响。这种商品的价格更受宏观经济环境，尤其是地缘政治因素和投机行为因素的影响，而后两者的行为往往很难预测到，使油价的预测准确性几乎不可能实现。而油价的高低恰恰是影响非常规油气资源勘探开发经济性的最重要影响因素之一，这种难以预测的油价无疑加大了非常规油气资源的投资决策难度。另外，非常规油气资源富集区域的环保一般要求较高，以页岩气为例，由于页岩气储存于孔隙度为纳米级的储层中，其开采需要进行分段水力压裂，压裂过程中，岩石碎裂使页岩气得以流通从而能汲取出来，这种方法的环境破坏力度较大，可能会造成地表或地下水源的污染等，使环境修复成本难以确定。并且，技术进步程度及技术进步所带来的影响难以准确估量，油价的波动起伏也影响天然气的价格，而油价因地缘政治、投机行为等因素的存在难以准确估测，直接影响页岩气开发的投资效果，给其投资收益和风险都带来很大的不确定性。

### 3.3.3 目标的多重性和多样性

在非常规油气资源开发投资活动中，石油企业每年需要根据开发预算金额在不同区块间进行资金分配，在对多个目标进行综合衡量后，才能做出合理的决策。为了实现这些目标，投资者往往会有若干个不同的备选投资方案，如何从若干备选投资方案中筛选出一个一定意义下的最优方案是石油企业面临的重要决策。另外，非常规油气资源开发不仅要注重企业的盈利状况和风险程度，还要尽可能地减少对环境的破坏力度、增加社会效益及确保国家能源安全等，而这些目标在实现的过程中，往往会产生冲突，如何权衡和优化这些目标是非常规油气资源开发投资决策的一个关键问题。因此，非常规油气资源勘探开发阶段投资限额资金分配问题，是一个典型的多目标动态优化问题。需要满足的主要目标如下。

**1. 投资效益最大化和风险最小化**

对于国有石油企业来说，资金实力较强且融资相对容易，非常规油气资源开发过程中追求的往往是一定风险水平下的投资收益最大化。对于有些资金实力较强且融资相对容易的民营或合资企业来说，非常规油气资源开发过程中追求的也往往是一定风险水平下的投资收益最大化，而对资金实力不强且融资相对不易的企业来说，追求的往往是期望收益一定条件下的风险最小化。实际上，无论是哪一种情况，终归都是商业化的公司，长期而言，仍然追求的是投资效益的最大化，同时风险则尽可能低。

**2. 现金流最大化**

自 2014 年下半年以来，国际油价大幅走低，同时拉低天然气的价格，严重削弱了石油企业的生产和盈利能力，也极大地影响了石油企业的现金流，进而打击到石油企业非常规油气资源勘探开发的积极性。非常规油气资源开发建设周期比较长，无论是开发投资建设还是运营成本都需要大规模的投入。以页岩气为例，目前我国页岩气单井需投入约八千万元，而独特"井工厂"模式需要投入大量的资金来进行钻井等工作，现金流在整个勘探开发初期极为重要。因此，在资金预算有限的情况下，每年能实现现金流的最大化是石油企业追求的一个重要目标。

### 3. 环境破坏力度尽可能小

除了考虑非常规油气资源储量和商业价值性之外，环境问题也是重点关注的内容。例如，页岩气储存于页岩层或泥岩层中，渗透性低，孔隙度差，不像常规天然气那样可以自由流通，所以需要通过压裂技术将纳米级的页岩层压裂，使页岩气能够流通并开采出来。故有专家说美国近年来频发的地震与页岩气的压裂开采有很大关系，由此很多人反对页岩气的勘探开发，法国就曾颁布过法令禁止页岩气开采。另外，采用分段水力压裂技术的页岩气的开采还需要大量的水资源，一口井的耗水量多达几万立方米，而许多页岩气富集区域本身就属于水资源紧缺地带，开采要使用的水极有可能是饮用水，并且处理过的污水如果回注的话，还可能造成水源污染，引起居民抗议等，这都会给页岩气的开采带来很大的压力和挑战。可见，非常规油气资源开采比常规油气资源开采破坏性更强，不仅需要消耗大量的水资源，还会产生大量的碳排放和有毒气体，同时开采中会破坏大面积的土地资源及生态系统的平衡。因此，非常规油气资源开采中生态环境保护是需要考虑的另外一个极为重要的因素，石油企业必须采取各种措施实现环境破坏力度的最小化。

### 4. 石油企业投资行为的多样性

石油企业在进行非常规油气资源开发投资决策的时候，不同的企业或者说同一企业不同阶段进行开发投资资金分配所考虑的决策目标是不一样的，这些目标实现时并不协调一致，甚至相互矛盾，从而使非常规油气资源开发投资决策变得更为复杂。而且这些目标的量纲也不完全一样，要同时实现这些目标的最优化是非常困难的，如何权衡这些目标以更好地支持非常规油气资源商业化和产业化开采则属于多目标优化决策问题。实际的投资决策中，方案的选取主要依赖于投资者和专家的经验判断，带有很大的主观性。

对于大型国有石油企业来说，除了考虑投资收益和风险之外，还应立足社会环境效益，开发时尽可能地减少对环境的破坏，因此，需要这些企业把更多的资金用于环境保护和治理方面，并且如果环境破坏修复难度极大，即使有丰富的非常规油气资源量，也可能会考虑当地生态环境保护而停止开发；另外，这些大型的国有石油企业还肩负着国家能源安全的重担，为了提高国家能源安全，保障整个国民经济的可持续发展，即使在某些亏损的情况下仍然会履行非常规油气勘探开发的责任。石油属于国家战略性资源，石油需求与石油供给之间的巨大差距将威胁国家能源安全，在我国石油对外依存度2009年突破能源安全警戒线且仍日益上升的情况下，非常规油气资源开发显然有助于提升国家能源安全水平。因此，国有石油企业肩负着国家能源安全的重担，在特定的情况下有必要牺牲自身经济利益以提升我国石油能源供应水平，即在某个时期内会出现经济上的损失，也同样会投资进行非常规油气资源的勘探和开发，使投资行为具有多样性。

### 3.3.4 投资策略的动态适应性

非常规油气资源的开采处于一个多变的环境中，变幻莫测的油价和技术进步的带动等都会影响石油企业的商业化开采，同时，区块的详细信息和投资支出随着勘探开发的深入才能渐渐明朗。随着勘探开发的不断深入，石油企业对埋藏于地下的非常规油气资源属性获取的信息越来越多，有关开采的商业性条件，如水资源的需求量、管网的铺设、环境修复成本的投入也逐步明确，对于该区块项目开发投资的不确定性逐步减少，石油企业需要根据最新的数据信息调整后续的投资方案。另外，油价和技术进步的多变性也需要每年调整相应的投资预算和投资决策方案，根据不同区块所处的状态和获取的信息进行资源的调整与分配。以此类推下去，每年都可以根据当时所处的状态和获取的信息得出一组最优投资策略，且这一投资策略应处于动态调整过程中。

以页岩气为例，页岩气产气规律和常规天然气的产气规律不同，一旦获取工业气流，单井页岩气前 3～5 年的产量非常高，第一年每口井甚至达到日产几万立方米，使页岩气的成本投资回收期变短。然而，单井产量递减率却非常高，前几年的递减率甚至多达 50% 左右，而后才能逐步稳定，稳产周期多达 30～50 年，甚至 80 年，页岩气的开采具有典型的阶段性特征。因此，石油企业需要根据企业所拥有的资源及内外部环境因素的变化及时调整投资决策方案，并不断进行优化调整。但是需要注意的是，虽然灵活的组合管理策略为石油企业优化勘探开发投资效果提供了可能性，但此处得出的投资决策方案只是相对满意的决策方案而非最优方案（最优亦不现实）。

通过上述非常规油气资源勘探开发投资决策问题的复杂性分析可知，非常规油气资源勘探效果受内外部环境影响非常大，不确定程度高，不同区块，即使是同一区块的资源属性指标差别加大。另外，石油企业在投资时不但要考虑多重目标的实现，还需要根据持续勘探开发获取的信息及内外部环境的变化动态调整投资决策方案，它属于不确定条件下的多阶段、多目标、多属性决策优化难题，决策问题十分复杂，构造一个大型的嵌套的数学模型进行投资决策优化从理论上来讲是可以实现的。但由于勘探和开发投资决策考虑的因素多且具有较强的不确定性，用单一数学模型来研究，将会因其变量维数的巨大、约束条件的众多等，使建立的模型的求解难度非常大，很难得到其解析解或者根本无法求解等。因此，如何研究投资决策方法以形式化描述非常规油气资源勘探开发投资决策问题并进行问题求解是本书后面章节研究的重点内容。

## 3.4　本章小结

无论是常规还是非常规油气资源,它们的勘探和开发活动都应作为一个密不可分的整体(即勘探开发一体化)进行研究。通过石油资源三角形可知,无论是超重油、油砂油还是页岩油,它们都属于低品位的自然资源,其勘探开发难度比常规油气资源开采要大得多。超重油和油砂油具有黏稠性高、API 重度低及含金属和硫元素多等特征,这导致非常规油气资源的开采费用较高和环境破坏力度较大,再加上非常规油气资源勘探和开发的投资数额巨大,因此,如何在勘探开发阶段进行资金合理规划是石油企业管理者和决策者需要解决的首要问题。

为此,本章详细阐述欲进行非常规油气资源勘探开发的石油企业所面临的序列投资决策问题,即非常规油气资源勘探开发投资预算、勘探活动和开发活动投资规模确定、勘探投资的方向和次序,以及开发区块的投资优化和开发项目的投资选择等。根据上游石油企业勘探开发投资要求,深入剖析非常规油气资源勘探开发的投资决策过程,并总结提炼其呈现的复杂结构特征等,提出利用"次优策略"寻求长短期投资规划目标的融合及利用多阶段决策理论和结构化分析方法来管理勘探开发投资决策过程。同时,根据非常规油气资源属性特点,分析石油企业在进行非常规油气资源勘探开发投资决策时面临的高度不确定性、复杂性和动态适应性要求,得出非常规油气资源勘探开发投资决策是一个典型的不确定条件下的多阶段、多目标、多属性决策优化难题,为下一章非常规油气资源勘探开发投资复杂决策问题的模型构建奠定理论基础。

### 参 考 文 献

[1]　张立伟,杨宪一. 油气勘探开发投资比例与储量接替率关系探讨[J]. 资源与产业,2009,11(3):74-78.

[2]　孙浩瑛,庆群,玉辉,等. 我国石油公司勘探开发投资的策略分析[J]. 石油天然气学报,2005,27(1):314-316.

# 第 4 章　非常规油气资源勘探和开发的投资决策模型

　　资源量十分丰富的非常规油气资源正逐步改写世界石油资源的分布格局。随着石油价格的不断攀升、常规油气资源供给缺口的日益加大及非常规油气资源勘探开发技术的不断进步，非常规油气资源被许多石油企业视为最好、最有价值的投资对象。然而，与常规油气资源相比，非常规油气资源勘探开发的难度更大、风险更高，其勘探开发投资决策的好坏已成为制约非常规油气资源能否实现规模化和产业化的关键问题。一旦决策失误，不仅会给石油企业本身带来巨大的经济损失，还会给当地造成严重的环境破坏，甚至影响国家能源安全。因此，本章主要根据油价、环境要求、技术进步及非常规油气资源本身特点，建立非常规油气资源勘探和开发投资决策优化模型，希望制定出科学合理的投资决策方案，尽快促使非常规油气资源开发实现商业化和产业化。

## 4.1　问题简化与研究假设

### 4.1.1　问题简化

　　实际的投资决策中，方案的选取主要依赖于投资决策者和专家的经验判断，带有很大的主观性。由前述可知，非常规油气资源勘探开发投资属于不确定条件下的多阶段、多目标、多属性决策优化问题，有关此方面的决策模型前人已经做了很好的研究，并在水资源调配、应急预案等方面加以实际应用。因此，也可把这种复杂的问题进行形式化表述，建立数学模型，并根据内外部环境的变化动态调整其投资决策方案，从而为非常规油气资源勘探开发的投资决策探索科学合理的方法。然而，非常规油气资源勘探开发投资决策是一个复杂的大系统决策优化问题，决策问题十分复杂，理论上可以构造一个大型的相互嵌套的数学模型进行投资决策优化，而实际上模型却可能无法求解。因此，非常规油气资源勘探开发投资决策问题的全面建模和优化途径是不现实的，一般不采取建立一个大模型的方法。

　　为简化问题以便于求解和优化，可以根据复杂大系统理论中的分解-协调思想采取递阶控制方法来进行建模和求解，利用控制论中多级递阶控制结构的思想和系统论中的结构化分析方法，将这种复杂的问题进行层层分解，得到若干个相对独立的、比较简单的小问题来进行解决，从而把非常规油气资源勘探开发投资复杂决策优化问题抽象为一个以年为周期的序贯投资决策过程，不是寻求勘探开发生命周期内的最优化方案的实现，而是根据每年所处的状态或获取的信息寻求年度内投资决策的科学化。也就是说，把石油企业非常规油气资源勘探开发整体投资复杂决策问题划分为一系列相对独立的易于求解的子决策问题的序列，然后建立各子问题的数学模型并进行各层级投资决策问题的优化，再通过协调作用实现年度投资决策问题的整体优化。具体投资决策问题分解及呈现的递阶结构如图 4.1 所示。

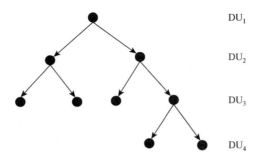

DU$_1$

DU$_2$

DU$_3$

DU$_4$

图 4.1　问题简化示意图

为处理相互关联的复杂决策问题，可以把问题分解为一系列简单问题进行建模与求解[1]。每级子决策问题都有一个解，上一决策单元的输出是下一决策单元的输入，根据这个输入，再确定下一决策单元中的相关参数，进而确定再下一决策单元的输出，如此一层一层下去，形成非常规油气资源勘探开发投资决策问题的递阶。每年用于非常规油气资源勘探开发投资的预算金额由决策单元 DU$_1$ 输出，输出结果是勘探活动和开发活动资源分配子问题的输入参数，用于勘探活动的投资额和开发活动的投资额由决策单元 DU$_2$ 输出，该决策单元的输出结果分别用于勘探投资方向和优先次序的选择及开发投资决策优化，由决策单元 DU$_3$ 输出，输出结果可以供下一决策单元所要解决的子问题确定输入参数使用。由于 DU$_1$ 的结果多由上级部门或集团公司决定，DU$_4$ 及其以后的决策由下级或具体实施单位定夺，在此仅研究 DU$_2$ 和 DU$_3$ 的决策问题。

DU$_2$ 解决的子问题：非常规油气资源勘探和开发活动投资分配问题。

DU$_3$ 解决的子问题 1：非常规油气资源勘探投资方向和优先次序问题。

DU$_3$ 解决的子问题 2：非常规油气资源开发区块资源分配和开发项目优选问题。

需要注意的是，本书采用分解-协调思想进行问题分解的途径与传统的主从递阶决策和分层递阶结构决策是不同的。不是构建一个整体模型将递阶优化的各个层次组成一个闭环，通过一个循环的迭代过程来获得问题的可行解[2]，而是通过递阶分解的思想和结构化分析方法把复杂的问题进行分解，划分成一系列相互关联但又相互独立的子问题进行求解，避免了勘探开发投资决策问题建模和求解的复杂性。

## 4.1.2　研究假设

为方便研究，假设如下：

（1）因油价波动起伏难以预测，为更加体现投资决策客观合理的重要性，在此假设油价足够高或在合理的区间范围内，只要投资决策合理，就能促使非常规油气资源的开发具有经济可行性。另外，我国天然气价格尚未完全实现市场化调节，随着天然气产业规模的快速增长，政府指导定价的难度也大幅度增加，为便于对页岩气等开发投资决策问题的形式化表达，在此仅考虑天然气价格足够高，如果投资策略得当，则能够实现非常规天然气的经济化开采。

（2）天然气属于清洁能源且目前我国天然气价格相对较低，在油气供需矛盾日益加剧情况下，在此假设开采出来的非常规天然气不考虑销路问题。

（3）非常规油气资源开发过程中的技术研发投入非常大，且技术因素十分关键，所以本书将技术研发投入视为投资而不是成本。另外，非常规油气资源勘探开发技术一旦突破，会直接带来开发成本的大幅降低和产量的上升，但无法预测何时能有技术突破，问题研究只能是在现有技术和开采条件下进行。

（4）石油企业已拥有或采取合作方式引进不同开采方式的先进技术，开采过程中不受技术条件限制但开采成本会受到一定影响，相关数据是在不考虑技术进步获得重大突破情况下而测量和估算出来的。

（5）非常规油气资源勘探开发面临的不确定性非常高，不同投资者即使面临同样的决策问题，其投资决策方案也会不一样，这主要取决于其风险偏好及自身的知识经验和判断，为便于对复杂投资决策问题进行量化研究，在此仅考虑风险偏好对决策的影响效果。

（6）我国目前对非常规油气资源开采还未制定完善的优惠政策，为体现投资决策的重要性，在此暂不考虑非常规油气资源勘探开发的税收政策、放开出厂价格限制及相关补助等政策给整个投资决策带来的影响。

（7）不受其他运营、合同、政治条件限制及其他不可抗力带来的影响。

基于上述问题简化和研究假设，为优化和解决非常规油气资源勘探开发投资决策优化问题，需要建立的模型有非常规油气资源勘探和开发活动投资分配模型、非常规油气资源勘探投资决策优化模型和非常规油气资源开发投资决策优化模型。其中，非常规油气资源勘探和开发活动投资分配模型用于确定勘探投资规模和开发投资规模,它是勘探投资决策优化模型和开发投资决策优化模型的前提和基础。另外,因为现实中勘探活动和开发活动的投资决策是分开进行的,所以本书中勘探投资决策优化模型和开发投资决策优化模型之间并没有隶属和先后关系,而是属于同级并列关系。需要注意的是,由于不同类型石油企业在进行非常规油气资源勘探开发投资时所追求的目标和肩负的能源责任不同,本书针对国有石油企业和非国有石油企业两种情景,分别建立不同的非常规油气资源开发投资决策优化模型,以便于更合理地辅助不同类型石油企业进行非常规油气资源的开发投资决策。

## 4.2  非常规油气资源勘探和开发活动投资分配模型

勘探和开发活动投资分配的好坏直接关系到石油企业未来非常规油气资源可持续发展程度,每一阶段勘探和开发活动的资金配置直接影响到该阶段油气储量和产量的实现。为此,本部分针对非常规油气资源投资规划期 $T$ 内,进行非常规油气资源勘探和开发活动的资源分配问题,重点研究多重目标影响下勘探和开发活动投资分配的问题形式化表达方法,利用多目标决策相关理论等构建勘探和开发投资分配模型。

### 4.2.1  决策变量

在非常规油气资源的勘探和开发活动中,油气资源探明储量和产量规模与各自的投资额度密切相关,并且一般都是在不考虑技术进步所带来的影响条件下研究它们之间的关系。因此,在投资预算额度 $I_{bud}(t)(t=1,2,\cdots,T)$ 限制下,非常规油气资源勘探和开发活动资源分配进程中主要有两个重要的决策变量:一个是用于勘探活动的年度勘探投资额 $I(t)$,另一个是用于开发活动的年度开发投资额 $I'(t)$。

### 4.2.2  目标函数

1)投资回报最大化

非常规油气资源勘探开发时期投入大,现金流的多少对于石油企业来说非常重要,所以本书选取 $T$ 年的净现值 $O_{net}$ 作为投资回报的指标测量。

$$\max(O_{net}) = \max\left\{\sum_{t=1}^{T}\frac{Q'(t)\times G(t)\times P(t) - C_{exp}(t)\times Q(t) - C_{dev}(t)\times Q'(t) - I(t) - I'(t)}{(1+r_t)^t}\right\}$$

（4.1）

其中,$Q'(t)$ 和 $Q(t)$ 分别是第 $t(t=1,2,\cdots,T)$ 年的油气产量和新增加的探明储量,

$C_{exp}(t)$ 和 $C_{dev}(t)$ 分别是第 $t$ 年的单位勘探成本和单位开发成本，$G(t)$ 是第 $t$ 年的原油商品率，$P(t)$ 是第 $t$ 年的原油价格，$r_t$ 是第 $t$ 年的折现率。

2）技术增值最大化/最大化技术进步带来的影响

技术进步对非常规油气资源勘探和开发效率效益的提高至关重要，技术增值具体可以从油气资源新增探明储量、提高采收率和降低生产成本三个方面体现。根据以往的历史数据、前人的研究及专家的知识经验，可以得知技术投资所带来的储产量变化规律等。初始阶段，技术进步的价值增长是非常缓慢的，随着研发投资的持续投入，技术研发的投资效果开始显现出来，潜在的价值一旦确定和应用，技术进步所带来的效果将会加速增长。最终，由于自然矿产资源的有限性和技术研发的瓶颈问题，技术进步价值增长的速度放缓并呈现下滑趋势。所以，不少学者认为技术进步带来的影响随着时间变化的规律符合对数函数曲线[3]。

利用对数效用函数，技术进步带来的增值最大化的模型可表示如下：

$$\max(O_{tec}) = \max\left\{\frac{1}{a - b e^{c(z)}}\right\} \tag{4.2}$$

其中，$O_{tec}$ 是技术的对数效用函数，$z$ 是非常规石油黏度和储层埋藏深度等地质属性变量，$a$ 和 $b$ 是常数，$c$ 是风险厌恶系数，$e$ 是自然底数。

3）环境影响最小化/环境破坏力度最小化

非常规油气资源勘探开发中，勘探过程引起的环境破坏影响较小，对环境的破坏主要来源于开采过程，因此，本书只考虑开发过程中带来的环境影响。与常规油气资源相比，非常规油气资源开发产生更多的碳排放、需要更多的水资源量且地表破坏程度更为严重，尤其是油砂资源的开发，石油企业需要花费大量的资金来治理这些环境问题。在此，假设较小的环境治理费用意味着较小的环境破坏程度，所以以最少化环境治理的成本费用作为目标，来反映环境破坏所带来的影响最小。

$$\min(O_{env}) = \min\left\{\sum_{t=1}^{T} Q'(t) \times (C_{car}(t) \times q_{car}(t) + C_{wat}(t) \times q_{wat}(t)) + \sum_{t=1}^{T} C_{lan}(t) \times S'_{dev}(t)\right\}$$

$$\tag{4.3}$$

其中，$O_{env}$ 是环境治理成本，$C_{car}(t)$、$C_{wat}(t)$ 和 $C_{lan}(t)$ 分别是第 $t$ 年的单位碳处理成本、单位水资源成本和单位地面修复成本，$q_{car}(t)$ 和 $q_{wat}(t)$ 分别是第 $t$ 年生产单位原油产量所释放的碳排放量和消耗的水资源量，$S'_{dev}(t)$ 是第 $t$ 年需要修复的地表面积。

## 4.2.3 约束条件

1）每年用于勘探和开发活动的投资额度不能超过年度总投资预算

为降低非常规油气资源的勘探开发风险，石油企业不会无限制地进行投资，而是综合企业资金实力、发展前景及上一年度非常规油气资源勘探开发情况，给出下一年度用于非常规油气资源勘探和开发活动的投资预算额度。若实际情况不允许，石油企业可停止或暂停非常规油气资源的勘探开发；若可继续投资，则每年年初，石油企业会将有限的投资预算分配至勘探活动和开发活动中。

$$I(t) + I'(t) \leqslant I_{bud}(t) \tag{4.4}$$

2）年度油气资源新增探明储量不大于当年最大勘探能力

无论是对于常规还是非常规油气资源的勘探投资，都有一个投资滞后期，即当期的勘探投资额度并不能直接决定当期油气资源新增探明储量的规模。因此，本书选择一定时期内的累计投资额（accumulated amount of investment，AAI）和累计探明储量（accumulated proved reserves，APR）两个变量来表达勘探投入和产出的关系。受复杂地质条件及油藏多样性的影响，油气资源新增探明储量一开始增长速度较为缓慢；随着勘探工作的不断深入，对资源属性的认知程度逐渐提高，由此探明储量增长较快；随后，探明储量的增长率会逐渐放缓或趋于稳定。可见，累计投资额和累计探明储量的关系符合龚帕兹模型[4]，具体过程如图 4.2 所示。

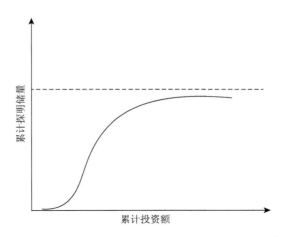

图 4.2　非常规油气资源累计投资额和累计探明储量的关系

累计投资额和累计探明储量之间的关系表达式如下：

$$L(t) = \exp(k - uv^{f(t)}) \tag{4.5}$$

其中，$L(t)$ 和 $f(t)$ 分别是第 $t$ 年的累计探明储量和累计投资额，$k$、$u$ 和 $v$ 是模型参数。令 $Q_{max}(t)$ 是石油企业在第 $t$ 年所能承受的最大勘探能力，则第 $t$ 年新增探明储量不大于当年最大勘探能力的约束条件公式可表示为

$$\begin{aligned} Q(t) &\leqslant Q_{max}(t) \\ Q(t) &= L(t) - L(t-1) \end{aligned} \tag{4.6}$$

3）第 $t$ 年的油气资源产量不大于当年的最大产能

无论开发投资金额投入多少，石油企业的最大产能都是有限的。因此，当年的非常规油气资源产量不会大于当年石油企业的最大产能，即

$$Q'(t) \leqslant Q'_{\max}(t) \qquad (4.7)$$

其中，$Q'(t)$ 是第 $t$ 年的非常规油气资源产量，$Q'_{\max}(t)$ 是石油企业在第 $t$ 年的非常规油气资源的最大产能值。

4）年储量接替率符合石油企业设定的目标值

$$a \leqslant R(t) = \frac{Q(t)}{Q'(t)} \leqslant b$$
$$a, b \geqslant 0 \qquad (4.8)$$
$$t = 1, 2, \cdots, T$$

其中，年储量接替率 $R(t)$ 应符合石油企业可持续发展的目标，其数值可由石油企业根据自身实际情况设定在 $a$ 和 $b$ 之间，注意，$a$ 和 $b$ 是常数。

## 4.3　非常规油气资源勘探投资决策优化模型

根据 4.2 节勘探和开发活动投资分配模型的结果，可以获取用于第 $t$ 年非常规油气资源勘探活动的投资规模 $I(t)$。但非常规油气资源储量和其商业价值并不成正比，这就为石油企业进行勘探投资决策增加了难度。因此，石油企业接下来的任务就是融合地质资源属性和商业价值开采条件，运用科学方法对非常规油气资源的商业价值进行分析，从不同的目标勘探区块中优选出商业价值高的区块进行投资，并在区块间进行勘探投资的分配，从而明确勘探投资的方向和优先次序，以尽可能地使勘探投资效益最大化。这一问题被称为区块优选问题或者区块间的投资序列决策问题。

### 4.3.1　参数设置

石油企业在该盆地有 $m$ 个非常规油气资源区块可供勘探，用 $A_i(i = 1, 2, \cdots, m)$ 表示第 $i$ 个可供选择的勘探区块。每一区块共有 $n$ 个资源属性可供决策者参考和判断，令第 $t(t = 1, 2, \cdots, T)$ 年第 $i$ 个区块的第 $j(j = 1, 2, \cdots, n)$ 个属性值用 $\tilde{a}_{ij}(t)$ 表示，由于资源埋藏于地下且资源分布及资源量蕴含情况等具有较大的不确定性，很难给出一个确切的数值来表示属性值的大小，则有 $\tilde{a}_{ij}(t) = [a_{ij}^{\mathrm{L}}(t), a_{ij}^{\mathrm{U}}(t)]$，其中，$a_{ij}^{\mathrm{L}}(t)$ 和 $a_{ij}^{\mathrm{U}}(t)$ 分别表示为第 $t$ 年第 $i$ 个区块的第 $j$ 个属性值（或目标值）的下界和上界，当 $a_{ij}^{\mathrm{L}}(t)$ 和 $a_{ij}^{\mathrm{U}}(t)$ 相等时，则 $\tilde{a}_{ij}(t)$ 退化为一个精确的实数。

## 4.3.2　基于区间数的动态多属性决策模型构建

### 1. 决策矩阵

根据前期收集的勘探数据和信息，可以得出待勘探的非常规油气资源区块的原始决策矩阵，具体表示如下：

$$\tilde{D}(t) = \begin{bmatrix} \tilde{a}_{11}(t) & \tilde{a}_{12}(t) & \cdots & \tilde{a}_{1n}(t) \\ \tilde{a}_{21}(t) & \tilde{a}_{22}(t) & \cdots & \tilde{a}_{2n}(t) \\ \vdots & \vdots & & \vdots \\ \tilde{a}_{m1}(t) & \tilde{a}_{m2}(t) & \cdots & \tilde{a}_{mn}(t) \end{bmatrix} = [\tilde{a}_{ij}(t)]_{m \times n} \qquad (4.9)$$

上述决策矩阵的属性值量纲不一致，为便于对比分析，Nijkamp 和 Delft[5]给出需要进行规范化处理的具体公式。

对于效益型属性值（或目标值），即越大越好型，可以采用式（4.10）进行规范化处理：

$$r_{ij}^{L}(t) = \frac{a_{ij}^{L}(t)}{\sqrt{\sum_{i=1}^{m} (a_{ij}^{U}(t))^2}}$$

$$r_{ij}^{U}(t) = \frac{a_{ij}^{U}(t)}{\sqrt{\sum_{i=1}^{m} (a_{ij}^{L}(t))^2}} \qquad (4.10)$$

$$i = 1, 2, \cdots m; j = 1, 2, \cdots, n; t = 1, 2, \cdots, T$$

对于成本型属性值（或目标值），即越小越好型，可以采用式（4.11）进行规范化处理：

$$r_{ij}^{L}(t) = \frac{1 / a_{ij}^{U}(t)}{\sqrt{\sum_{i=1}^{m} (1 / a_{ij}^{L}(t))^2}}$$

$$r_{ij}^{U}(t) = \frac{1 / a_{ij}^{L}(t)}{\sqrt{\sum_{i=1}^{m} (1 / a_{ij}^{U}(t))^2}} \qquad (4.11)$$

$$i = 1, 2, \cdots, m; j = 1, 2, \cdots, n; t = 1, 2, \cdots, T$$

则规范化之后的决策矩阵表示如下：

$$\tilde{R}(t) = \begin{bmatrix} \tilde{r}_{11}(t) & \tilde{r}_{12}(t) & \cdots & \tilde{r}_{1n}(t) \\ \tilde{r}_{21}(t) & \tilde{r}_{22}(t) & \cdots & \tilde{r}_{2n}(t) \\ \vdots & \vdots & & \vdots \\ \tilde{r}_{m1}(t) & \tilde{r}_{m2}(t) & \cdots & \tilde{r}_{mn}(t) \end{bmatrix} = [\tilde{r}_{ij}(t)]_{m \times n} \tag{4.12}$$

### 2. 基于区间数的属性权重和阶段权重

为便于对比和分析，不同的非常规油气资源区块在同一年其同一属性的权重应该是相同的。令在第 $t(t = 1, 2, \cdots, T)$ 年不同区块的第 $j$ 个属性的权重为 $\tilde{w}_j(t)$，则第 $t$ 年的 $n$ 个属性的权重向量可以表示为 $\tilde{w}(t) = (\tilde{w}_1(t), \tilde{w}_2(t), \cdots, \tilde{w}_n(t))'$，则有

$$\sum_{j=1}^{n} \tilde{w}_j(t) = 1$$
$$\tilde{w}_j(t) = [w_j^{\mathrm{L}}(t), w_j^{\mathrm{U}}(t)] \tag{4.13}$$
$$0 \leqslant w_j^{\mathrm{L}}(t) \leqslant w_j^{\mathrm{U}}(t) \leqslant 1$$

根据非常规油气资源勘探开发的活动规律，综合不同专家意见，可赋予这些待勘探区块在投资规划期内不同年度的权重为 $\tilde{\lambda} = (\tilde{\lambda}(1), \tilde{\lambda}(2), \cdots, \tilde{\lambda}(T))'$，则有

$$\sum_{t=1}^{T} \tilde{\lambda}(t) = 1$$
$$\tilde{\lambda}(t) = [\lambda^{\mathrm{L}}(t), \lambda^{\mathrm{U}}(t)] \tag{4.14}$$
$$0 \leqslant \lambda^{\mathrm{L}}(t) \leqslant \lambda^{\mathrm{U}}(t) \leqslant 1$$

### 3. 综合属性值

在任一年度 $t$，$m$ 个非常规油气资源区块的综合属性值及其向量值可知：

$$\tilde{z}(t) = (\tilde{z}_1(t), \tilde{z}_2(t), \cdots, \tilde{z}_m(t)) = \{\tilde{z}_i(t) | i = 1, 2, \cdots, m\}$$
$$\tilde{z}_i(t) = \sum_{j=1}^{n} (\tilde{w}_j(t) \times \tilde{r}_{ij}(t)) = [z_i^{\mathrm{L}}(t), z_i^{\mathrm{U}}(t)] \tag{4.15}$$
$$t = 1, 2, \cdots, T$$

其中，$\tilde{z}(t)$ 是 $m$ 个勘探区块在第 $t$ 年的综合属性值向量，$\tilde{z}_i(t)$ 是第 $t$ 年第 $i$ 个区块的综合属性值，$z_i^{\mathrm{L}}(t)$ 和 $z_i^{\mathrm{U}}(t)$ 分别是第 $t$ 年区块 $i$ 的综合属性值的下界和上界。

令 $\tilde{Z}_i$ 表示投资规划期 $T$ 年内区块 $i$ 的综合属性值，则规划期内非常规油气资源勘探区块的综合属性值向量 $\tilde{Z}$ 可以表示为

$$\tilde{Z} = (\tilde{Z}_1, \tilde{Z}_2, \cdots, \tilde{Z}_m) = \{\tilde{Z}_i | i = 1, 2, \cdots, m\}$$
$$\tilde{Z}_i = \sum_{t=1}^{T} (\tilde{\lambda}(t)' \times \tilde{z}_i(t)) = [Z_i^{\mathrm{L}}, Z_i^{\mathrm{U}}] \tag{4.16}$$

各勘探区块投资优先次序的顺序，可以归结为按各区块综合属性值大小进行排列。

综上所述，运用多属性决策和动态优化决策的方法和理论，得出非常规油气资源勘探区块优选的动态多属性决策模型如下：

$$
\begin{cases}
\tilde{Z} = (\tilde{Z}_1, \tilde{Z}_2, \cdots, \tilde{Z}_m) = \{\tilde{Z}_i | i = 1, 2, \cdots, m\} \\
\tilde{Z}_i = \sum_{t=1}^{T} (\tilde{\lambda}(t)' \times \tilde{z}_i(t)) \\
\tilde{\lambda}(t) = [\lambda^L(t), \lambda^U(t)] \\
\tilde{z}_i(t) = \sum_{j=1}^{n} (\tilde{w}_j(t) \times \tilde{r}_{ij}(t)) \\
\tilde{r}_{ij}(t) = [r_{ij}^L(t), r_{ij}^U(t)] \\
\tilde{w}_j(t) = [w_j^L(t), w_j^U(t)] \\
0 \leqslant \lambda^L(t) \leqslant \lambda^U(t) \leqslant 1 \\
0 \leqslant w_j^L(t) \leqslant w_j^U(t) \leqslant 1 \\
i = 1, 2, \cdots, m; j = 1, 2, \cdots, n \\
t = 1, 2, \cdots, T
\end{cases}
\tag{4.17}
$$

本部分构建的模型指明了非常规油气资源勘探投资的方向和优先次序，可辅助石油企业筛选出具有商业开发价值的区块，以促使非常规油气资源开发实现产业化和商业化，并可提高非常规油气资源勘探区块优选的有效性和科学性，其应用前景将十分广阔。然而，由于非常规油气资源的连续性分布特征，无法准确探测蕴含非常规油气资源区域的每一寸土地，则其储量和产量的估测和推算难免会带有很大的不确定性，这给整个勘探区块优选工作带来很大的挑战。另外，我国天然气的价格还没有实现市场化运作，给石油企业实现完全意义上的商业化开发也带来较大的不确定性。因此，得出的结果可能会比实际乐观，也有可能悲观，但不论如何，该模型可以辅助石油企业尽可能地避免非常规油气资源勘探投资损失，筛选出最具有商业开发价值的区块进行投资，以提升非常规油气资源勘探投资决策的科学性和合理性。

## 4.4 非常规油气资源开发投资决策优化模型

不同类型或不同规模的石油企业在进行非常规油气资源开发投资决策时的目标需求不同，因此，本部分关于非常规油气资源的开发投资决策优化问题，将分两种情况进行数学模型的构建：一是适用于肩负国家能源安全责任的国有石油企业，即开发投资分配的多阶段多目标决策优化模型构建；二是适用于其他规模实力相对较弱的非国有石油企业,即开发投资组合的多阶段决策优化模型构建(图 4.3)。

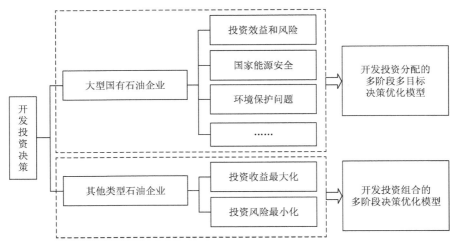

图 4.3    非常规油气资源开发投资决策的两种情境

## 4.4.1    开发投资分配的多阶段多目标决策优化模型

石油企业要考虑的投资规划期为 $T$ 年,第 $t$ 年获取开发投资额度 $I'(t)$ 之后,接下来最主要的任务就是在可供开发的区块间进行开发资金的科学合理分配。需要注意的是,每年进行开发资金分配时国有石油企业不但要考虑自身的投资效益和风险问题,还需要考虑环境保护及国家能源安全责任问题等不同目标需求,这是一个多目标决策优化问题。由于非常规油气资源勘探开发的复杂性和不确定性,对埋藏于地下的非常规油气资源地质属性等认识的不完全性,专家估测出的各开发区块不同资金分配方案下所产生的相关数据往往不是一个确定的数值,而是一个区间数。随着勘探开发的不断深入,对区块的认知程度也在不断增加,加上外界因素,如油价、技术进步和环境要求等也在不断发生变化,决策者需要在下一年年初,根据上一年的决策结果,对所有可能的策略进行评价,在所有可能采取的策略中间选取一个最优的投资分配方案,从而寻求年度内整个开发投资过程的最优策略方案,这是一个典型的多阶段决策问题。由上述分析可知,非常规油气资源的开发投资决策属于多阶段多目标决策问题。

设该石油企业要实现的目标有 $Y$ 个,令 $S_t$ 为第 $t$ 年的可能状态向量集合,$s_t$ 为第 $t$ 年的状态向量,$l$ 为状态维数,则有 $s_t = (s_t^1, s_t^2, \cdots, s_t^l) \in S_t$;设 $D_t$ 为第 $t$ 年的可能决策向量集合,$d_t$ 为第 $t$ 年的决策向量,$h$ 为决策维数,则有 $d_t = (d_t^1, d_t^2, \cdots, d_t^h) \in$

$D_t$；第 $t(t=1,2,\cdots,T)$ 年的状态为 $s_t$、决策为 $d_t$ 的 $Y$ 个目标组成的目标向量则可以记为

$$G(s_t,d_t)=\{G_{t,1}(s_t,d_t),G_{t,2}(s_t,d_t),\cdots,G_{t,Y}(s_t,d_t)\}' \qquad (4.18)$$

若第 $t$ 年状态向量 $s_t$ 的值给定，并且该年的决策向量 $d_t$ 已经确定，则第 $t+1$ 年的状态向量 $s_{t+1}$ 的值也就完全确定，状态转移方程可记为

$$s_{t+1}=\psi(s_t,d_t) \qquad (4.19)$$

设 $n_t$ 是第 $t$ 年石油企业关于非常规油气资源开发的投资决策方案个数，$Y$ 是每年要进行决策时所要考虑实现的目标数量。在进行每年开发资金分配时，可以把每个目标值看成一个指标属性值，得出每年不同分配方案下产生的目标综合属性值，这时可以利用基于区间数的多属性决策理论进行不同方案的优先排序，从而求出本年的最优方案。

根据前期勘探开发情况和专家咨询，可以得出非常规油气资源开发项目在第 $t$ 年的决策属性矩阵 $\underset{\sim}{D}(t)$。

$$\underset{\sim}{D}(t)=\begin{bmatrix} \underset{\sim}{a}_{11}(t) & \underset{\sim}{a}_{12}(t) & \cdots & \underset{\sim}{a}_{1n_t}(t) \\ \underset{\sim}{a}_{21}(t) & \underset{\sim}{a}_{22}(t) & \cdots & \underset{\sim}{a}_{2n_t}(t) \\ \vdots & \vdots & & \vdots \\ \underset{\sim}{a}_{Y1}(t) & \underset{\sim}{a}_{Y2}(t) & \cdots & \underset{\sim}{a}_{Yn_t}(t) \end{bmatrix}=[\underset{\sim}{a}_{oe}(t)]_{Y\times n_t} \qquad (4.20)$$

其中，$\underset{\sim}{a}_{oe}(t)=[a_{oe}^{L}(t),a_{oe}^{U}(t)]$，$a_{oe}^{L}(t)$ 和 $a_{oe}^{U}(t)$ 分别是在第 $t(t=1,2,\cdots,T)$ 年第 $e(e=1,2,\cdots,n_t)$ 个方案的第 $o(o=1,2,\cdots,Y)$ 个属性值（或目标值）的下界和上界。

因为各目标的量纲不一致，要进行规范化处理，对于效益型属性值（或目标值），即越大越好型，采用式（4.10）进行规范化；对于成本型属性值（或目标值），即越小越好型，采用式（4.11）进行规范化，即可得出规范化之后的决策矩阵 $\underset{\sim}{R}(t)$：

$$\underset{\sim}{R}(t)=\begin{bmatrix} \underset{\sim}{r}_{11}(t) & \underset{\sim}{r}_{12}(t) & \cdots & \underset{\sim}{r}_{1n_t}(t) \\ \underset{\sim}{r}_{21}(t) & \underset{\sim}{r}_{22}(t) & \cdots & \underset{\sim}{r}_{2n_t}(t) \\ \vdots & \vdots & & \vdots \\ \underset{\sim}{r}_{Y1}(t) & \underset{\sim}{r}_{Y2}(t) & \cdots & \underset{\sim}{r}_{Yn_t}(t) \end{bmatrix}=[\underset{\sim}{r}_{oe}(t)]_{Y\times n_t} \qquad (4.21)$$

其中，$\underset{\sim}{r}_{oe}(t)=[r_{oe}^{L}(t),r_{oe}^{U}(t)]$ 是区间数，$r_{oe}^{L}(t)$ 和 $r_{oe}^{U}(t)$ 分别是在第 $t(t=1,2,\cdots,T)$ 年第 $e(e=1,2,\cdots,n_t)$ 个方案的第 $o(o=1,2,\cdots,Y)$ 个属性值（或目标值）规范化之后的下界和上界。

随着对开采地区非常规油气资源地质属性的掌握，以及技术的进步和环境要求的变化，不同年度各目标的权重系数会有所调整。根据现场专家测算及相关决

策管理者的要求，可知不同年度目标的权重系数 $\underset{\sim}{\eta}(t) = \{[\eta_1^L(t), \eta_1^U(t)], [\eta_2^L(t), \eta_2^U(t)],$ $\cdots, [\eta_Y^L(t),\ \eta_Y^U(t)]\}'$，则第 $t$ 年不同方案产生的综合目标值为

$$G_t(s_t, d_t) = \underset{\sim}{\eta}(t) \times \underset{\sim}{R}(t) \tag{4.22}$$

令 $d_{t+1}^*$ 为第 $t+1$ 年的局部最优策略，$f_{t+1}(s_{t+1}, d_{t+1}^*)$ 是第 $t+1$ 年至第 $T$ 年状态为 $s_{t+1}$ 时 $Y$ 个目标的最优合成值，则第 $t$ 年至第 $T$ 年状态为 $s_t$ 时 $Y$ 个目标合成值组成的向量 $f_t(s_t)$ 为

$$f_t(s_t) = G_t(s_t, d_t) + f_{t+1}(s_{t+1}, d_{t+1}^*) \tag{4.23}$$

由于目标合成值是区间数，可以利用基于区间数的多属性决策理论进行不同方案的优先排序[6]，从而求出本阶段的最优方案。本书采用两两比较的方式即可得出不同年度的可能度互补矩阵 $P(t) = (p_{e_1 e_2})_{n_t \times n_t}$ 和互补判断矩阵排序向量 $\omega(t)$。

$$\begin{cases} p(d_{e_1} \geqslant d_{e_2}) = \dfrac{\min\{d_{e_1} + d_{e_2}, \max(Z_{e_1}^U - Z_{e_2}^L, 0)\}}{d_{e_1} + d_{e_2}} \\ d_{e_1} = Z_{e_1}^U - Z_{e_1}^L; \ d_{e_2} = Z_{e_2}^U - Z_{e_2}^L \\ e_1 = 1, 2, \cdots, n_t; \ e_2 = 1, 2, \cdots, n_t \end{cases} \tag{4.24}$$

其中，$Z_{e_1}^L$ 和 $Z_{e_1}^U$、$Z_{e_2}^L$ 和 $Z_{e_2}^U$ 分别是某年度第 $e_1$ 个方案、第 $e_2$ 个方案的综合目标值的下界和上界。接下来则按其分量大小对同年度不同方案 $e(e = 1, 2, \cdots, n_t)$ 进行排序，得出第 $t$ 年投资方案的排序向量 $\omega(t) = (\omega_1(t), \omega_2(t), \cdots, \omega_{n_t}(t))'$。

$$\omega_{e_1}(t) = \frac{1}{n_t(n_t - 1)} \left| \sum_{e_2=1}^{n_t} p_{e_1 e_2} + \frac{n_t}{2} - 1 \right| \tag{4.25}$$

由 $\omega(t)$ 可以得出第 $t$ 年的局部最优策略 $d_t^*$，从而得出第 $t$ 年至第 $T$ 年状态为 $s_t$ 时 $Y$ 个目标合成值组成的最优向量 $f_t(s_t, d_t^*)$。由上述分析可知，开发投资决策满足最优化原理，并且开发投资阶段是相互联系的，各个阶段决策的选择也不是任意确定的，既依赖于当前面临的状态，又要考虑未来的发展及影响，且该阶段的决策往往会影响下一阶段的决策，从而影响整个投资决策过程，具有较强的无后效性。因此，在初始状态已知的情况下，可以按照动态规划逆推解法的要求进行模型的构建，则最优值递推函数可以记为

$$f_t(s_t, d_t^*) = \underset{d_1, d_2, \cdots, d_t}{\mathrm{opt}} \{G_t(s_t, d_t) + f_{t+1}(s_{t+1}, d_{t+1}^*)\} \tag{4.26}$$

综上所述，融合动态规划理论和多目标决策优化理论方法等，得出国有石油企业在进行非常规油气资源开发投资时的决策优化模型如下：

$$
\begin{cases}
f_t(s_t, d_t^*) = \underset{d_1, d_2, \cdots, d_t}{\mathrm{opt}} \{G_t(s_t, d_t) + f_{t+1}(s_{t+1}, d_{t+1}^*)\} \\
G_t(s_t, d_t) = \underline{\eta}(t) \times \underline{R}(t) \\
\underline{\eta}(t) = \{[\eta_1^L(t), \eta_1^U(t)], [\eta_2^L(t), \eta_2^U(t)], \cdots, [\eta_Y^L(t), \eta_Y^U(t)]\}' \\
\underline{R}(t) = [\underline{r}_{oe}(t)]_{Y \times n_t} = [[r_{oe}^L(t), r_{oe}^U(t)]_{Y \times n_t} \\
s_{t+1} = \psi(s_t, d_t) \\
f_{T+1}(s_{T+1}) = 0 \\
s_t \in S_t; d_t \in D_t \\
t = 1, 2, \cdots, T \\
o = 1, 2, \cdots, Y \\
e = 1, 2, \cdots, n_t
\end{cases}
\tag{4.27}
$$

本部分针对非常规油气资源勘探开发投资决策问题，综合运用多阶段动态规划、多目标优化决策和不确定多属性方案优选的方法理论，对国有石油企业非常规油气资源开发投资决策问题进行形式化描述，构建了非常规油气资源开发投资的多阶段多目标决策优化模型，用以求解在年增探明储量已知的情况下，石油企业如何在不同区块间进行有限开发资金的合理分配，为非常规油气资源勘探开发投资决策问题开辟了新途径和新方法，并深化不确定条件下的多目标动态优化决策理论研究。然而，因无法准确衡量技术进步带来的影响，本书构建的模型中并没有考虑技术进步带来的产量和收益提升、成本和风险降低，以及环境破坏力度减小等因素，得出的结果比实际情况要悲观些。因此，下一步可以借鉴美国页岩气、加拿大油砂成功开发经验，利用学习曲线来衡量技术进步给非常规油气资源开发投资所带来的影响，持续进行递进式优化，以便勘探开发投资决策更为科学和合理。

### 4.4.2　开发投资组合的多阶段决策优化模型

由于不同区块所蕴含的非常规油气资源类型和属性特征、原始地质资源量和最终技术可采储量等有所不同，对于非国有石油企业或者规模相对较小的石油企业来说，到底选择哪一个或哪几个区块进行开发是获取区块开发资金之后的首要任务。目前在我国非常规油气资源开发中，页岩气已在涪陵地区进行了小规模的商业化开发，资料收集相对完整，并且开发项目的投资组合工作已在开展，故下面将以页岩气为例，结合实际的调研工作情况进行非常规油气资源开发投资组合优化模型的构建（模型仍然适用于非常规石油和其他非常规天然气资源）。

1. 页岩气开发投资组合收益和风险问题的复杂性分析

由于页岩气开发的高度不确定性，其未来的收益和风险具有大的不确定性，开发投资产生的现金流和收益的概率分布往往无法准确预测，表现为较大的模糊不确定性。另外，不同开发阶段决策者对页岩气开发投资的风险态度也有所不同，它随内外部环境的变化而变化。因此，基于上述情况，如何融合投资者不同阶段呈现的不同风险偏好，以尽可能地实现投资收益最大化和风险最小化目标是许多非国有石油企业开发投资决策时追求的一个理想目标。随着勘探开发的不断深入，不确定性信息逐渐明确，石油企业需要根据获取的最新数据和信息及时调整开发投资决策方案，优化投资组合项目并进行资源的最优配置，这种灵活的组合管理策略和运营模式是石油企业建立非常规油气资源开发竞争优势和获取商业收益的必需条件。可见，如何根据不同年度的油气价格、产出、生产成本、技术进步及环境要求等因素，适时生成有效的开发投资组合优化方案并进行科学合理的资金分配，成为制约页岩气实现大规模商业化和产业化开发的关键问题，它属于不确定条件下的多阶段投资组合优化问题。

2. 假设条件

在 4.1.2 节研究假设基础上，为进行页岩气开发投资组合优化模型的构建，仍需要进行额外假设条件的界定。

（1）页岩气开采技术一旦突破，直接会带来开发成本的大幅降低和产量的上升，但无法预测何时能有技术突破，问题研究只能是在现有技术和开采条件下进行。

（2）石油企业每年都要调整开发投资规模，并通过调整开发区块的投资比例进而调整其产量以实现对整个页岩气开采的调控，但开发投入不超过开发投资预算金额。

（3）页岩气井一旦产气，一般不予关井，每年仍需投入一定的资源保持其运转；但特殊情况下允许暂时关井，如油气价格极低情况下开采使企业亏损严重或者继续开采导致环境破坏力度大等。

3. 参数表示

为进行模型构建，现设置参数如下。

（1）设第 $t$ 年第 $i$ 区块的单位收益率为 $\tilde{\theta}_i(t)(t=1,2,\cdots,T;i=1,2,\cdots,M)$，第 $t$ 年的不同区块的单位投资收益为 $\tilde{\theta}(t)=(\tilde{\theta}_1(t),\tilde{\theta}_2(t),\cdots,\tilde{\theta}_M(t))'$。其中，$\tilde{\theta}_i(t)$ 是区间数，记为 $\tilde{\theta}_i(t)=[\theta_i^L(t),\theta_i^U(t)]$，$\theta_i^L(t)$ 是区间收益率的下界，$\theta_i^U(t)$ 是区间收益率的上界，当 $\theta_i^L(t)$ 和 $\theta_i^U(t)$ 相等时，则 $\tilde{\theta}_i(t)$ 退化为一个精确的实数。

（2）由勘探和开发活动投资分配模型的结果可知，第 $t$ 年的开发投资规模为 $I'(t)$，$x_i(t)$ 为企业在第 $t$ 年投资到第 $i$ 区块的投资额，记 $X(t)=(x_1(t),x_2(t),\cdots,$

$x_M(t)$），是第 $t$ 年的一个开发投资组合，其中，每年每一区块至少投入 $a_i(t)$ 资金以保证该区块的正常运转，则 $a_i(t) \leqslant x_i(t) \leqslant I'(t)$。

（3）$\tilde{\delta}(t)$ 表示第 $t$ 年的投资组合收益，$\tilde{\sigma}_p^2(t)$ 表示第 $t$ 年的投资组合方差，二者都是区间数形式。

（4）设 $\text{cov}(\tilde{\theta}_i(t), \tilde{\theta}_j(t))$ 是第 $t$ 年区块 $i$ 和区块 $j$ 单位收益率的协方差，记为 $\tilde{\sigma}_{ij}(t)$，则 $\tilde{\sigma}_{ij}(t) = [\sigma_{ij}^L(t), \sigma_{ij}^U(t)]$。

（5）$\tilde{\Lambda}(t)$ 是第 $t$ 年区块 $i$ 和区块 $j$ 单位收益率的协方差矩阵，$\tilde{\Lambda}(t)^-$ 和 $\tilde{\Lambda}(t)^+$ 分别是第 $t$ 年的下半协方差矩阵和上半协方差矩阵。

**4. 基于区间数的多阶段决策优化模型构建**

第 $t(t=1,2,\cdots,T)$ 年页岩气开发投资组合的期望收益率 $\tilde{\delta}(t)$ 为

$$\tilde{\delta}(t) = X(t) \times \tilde{\theta}(t) = \sum_{i=1}^{M}(x_i(t) \times \tilde{\theta}_i(t)) \tag{4.28}$$

开发区块之间的投资是相互关联的，一个区块投资数额增多则会导致另一个区块投资数额的减少。现令第 $t$ 年区块 $i$ 和区块 $j$ 单位收益率的协方差矩阵为

$$\tilde{\Lambda}(t) = \tilde{\Lambda}(t)^+ + \tilde{\Lambda}(t)^- = \begin{bmatrix} \tilde{\sigma}_{11}(t) & \tilde{\sigma}_{12}(t) & \cdots & \tilde{\sigma}_{1M}(t) \\ \tilde{\sigma}_{21}(t) & \tilde{\sigma}_{22}(t) & \cdots & \tilde{\sigma}_{2M}(t) \\ \vdots & \vdots & & \vdots \\ \tilde{\sigma}_{M1}(t) & \tilde{\sigma}_{M2}(t) & \cdots & \tilde{\sigma}_{MM}(t) \end{bmatrix} = [\text{cov}(\tilde{\theta}_i(t), \tilde{\theta}_j(t))]_{M \times M}$$

$$\tag{4.29}$$

则第 $t$ 年页岩气区块投资组合的方差为

$$\sigma_p^2(t) = \sum_{i=1}^{M}\sum_{j=1}^{M} x_i(t)\tilde{\sigma}_{ij}(t)x_j(t) = X(t)\tilde{\Lambda}(t)X'(t) = X(t)\tilde{\Lambda}(t)^+ X'(t) + X(t)\tilde{\Lambda}(t)^- X'(t)$$

$$\tag{4.30}$$

令第 $t$ 年页岩气投资组合的下方风险为 $\tilde{H}(t) = X(t)\tilde{\Lambda}(t)^- X'(t)$，则第 $t$ 年投资组合收益最大化和风险最小化这一双目标函数利用加权平均法可转化为最大化单目标函数 $U(t)$，公式如下：

$$\max U(t) = \max(\rho(t)\tilde{\delta}(t) - (1-\rho(t))\tilde{H}(t)) \tag{4.31}$$

其中，$\rho(t)$ 是第 $t$ 年石油企业对待页岩气开发投资所持有的风险态度，可以根据

每年页岩气区块的储量和产量规律等情况来调整。$\rho(t)$ 越接近于 1，表明石油企业为了获取较大的收益越愿意承担风险；$\rho(t)$ 越接近于 0，表明企业越不愿意为了获取较大收益而承担风险。当 $\rho(t)=1$ 时，表明投资者是极度风险偏好者，只考虑收益而忽略风险，注重投资效益的最大化；当 $\rho(t)=1/2$ 时，表明投资者是风险中性，既考虑风险，又考虑收益，二者同等重要；当 $\rho(t)=0$ 时，则表明投资者是极度厌恶风险者，仅注重风险的最小化，而不关注收益。

石油企业每年都要根据获取的最新勘探开发数据进行开发投资规模调整，且根据区块展现的未来发展趋势进行资源的重新优化配置。因此，每年对 $M$ 个区块进行 $I'(t)$ 资金限制下的资金分配可看成是一个 $M$ 阶段决策过程，不同的分配方案会产生不同的投资效果，石油企业所要做的就是在所有可能采取的投资策略中选取一个最优的，以满足不同风险偏好下投资收益最大化和风险最小化目标的实现，即满足最优化原理。另外，当前阶段的决策主要取决于当前的状态，该阶段以后过程的发展不受此阶段以前各阶段状态的影响，具有典型的无后效性特征。因此，此多阶段决策过程可以用动态规划方法进行数学模型构建。

令阶段变量 $k(k=1,2,\cdots,M)$ 表示区块开发投资分配所需要考虑的阶段数，状态变量 $s_k(t)$ 表示第 $t(t=1,2,\cdots,T)$ 年第 $k$ 阶段初所处的状态，$X_k(t)$ 表示第 $t$ 年由状态 $s_k(t)$ 所确定的第 $k$ 阶段的允许决策集合，$x_k(t)$ 表示第 $k$ 阶段给定状态 $s_k(t)$ 时的决策变量，所有可能的策略集合为 $(x_1(t),x_2(t),\cdots,x_M(t))$。

第 $t$ 年第 $k$ 阶段的状态转移方程为

$$s_{k+1}(t)=s_k(t)-x_k(t) \tag{4.32}$$

状态变量 $s_k(t)$ 一旦给定，决策变量 $x_k(t)$ 的取值范围也就可以确定，因此其决策集合可以表示为

$$X_k(t)=\{x_k(t)|a_k(t)\leqslant x_k(t)\leqslant I'(t)\} \tag{4.33}$$

第 $t$ 年的阶段指标函数为

$$v(s_k(t),x_k(t))=\rho(t)\tilde{\delta}(t)-(1-\rho(t))\tilde{H}(t) \tag{4.34}$$

令 $x_k^*(t)$ 为第 $t$ 年第 $k$ 阶段的局部最优策略，最优指标函数 $f_k^*(s_k(t))$ 表示在第 $k$ 阶段面临的状态为 $s_k(t)$ 时，采取局部最优策略的值，则最优值递推函数可以记为

$$f_k(s_k(t))=\max\{v(s_k(t),x_k(t))+f_{k+1}^*(s_{k+1}(t))\} \tag{4.35}$$

综上所述，根据动态规划和现代投资组合理论，得出页岩气开发投资的决策优化模型如下：

$$
\begin{cases}
f_k(s_k(t)) = \max_{x_k(t)} \{v(s_k(t), x_k(t)) + f_{k+1}^*(s_{k+1}(t))\} \\
v(s_k(t), x_k(t)) = \rho(t)\tilde{\delta}(t) - (1 - \rho(t))\tilde{H}(t) \\
s_{k+1}(t) = s_k(t) - x_k(t) \\
f_{M+1}(s_{M+1}(t)) = 0 \\
\tilde{\delta}(t) = X(t) \times \tilde{\theta}(t) \\
\tilde{H}(t) = X(t)\tilde{\Lambda}(t)^- X'(t) \\
\tilde{\theta}(t) = (\tilde{\theta}_1(t), \tilde{\theta}_2(t), \cdots, \tilde{\theta}_M(t))' \\
X(t) = (x_1(t), x_2(t), \cdots, x_M(t)) \\
a_k(t) \leqslant x_k(t) \leqslant I'(t) \\
\sum_{k=1}^{M} x_k(t) = I'(t) \\
0 \leqslant \rho(t) \leqslant 1 \\
t = 1, 2, \cdots, T;\ k = 1, 2, \cdots, M
\end{cases}
\tag{4.36}
$$

对于式（4.36），石油企业每年都会根据不同年度的油气价格、技术进步，以及页岩气区块的产出和生产成本等相关因素，适时生成有效的多阶段投资策略，则 $T$ 年的页岩气区块开发投资策略 $X^*(t)$ 为

$$
X^*(t) = \{X^*(1), X^*(2), \cdots, X^*(T)\} = \left\{ \begin{bmatrix} x_1^*(1) \\ x_2^*(1) \\ \vdots \\ x_M^*(1) \end{bmatrix}, \begin{bmatrix} x_1^*(2) \\ x_2^*(2) \\ \vdots \\ x_M^*(2) \end{bmatrix}, \cdots, \begin{bmatrix} x_1^*(T) \\ x_2^*(T) \\ \vdots \\ x_M^*(T) \end{bmatrix} \right\}
\tag{4.37}
$$

非常规油气资源开发投资决策过程充满了高度的不确定性，要求能根据最新勘探开发数据进行投资组合和资源分配的动态调整，提高组合管理策略的灵活性。需要注意的是，前人的文献为本书奠定了良好的基础，然而，非常规油气资源开发投资决策和股票、债券等投资决策的目标不同，前者追求每年能根据最新勘探开发数据进行投资组合和资源分配的动态调整，希望年度内能实现收益的最大化和风险的最小化，提高组合管理策略的灵活性，后者的动态投资组合研究工作主要集中于最大化终端财富期望效用函数，研究重点是终端组合方差和期望价值的最优化，并不是严格意义上的多阶段决策，即寻求整个过程的财富最大化，也没有考虑不确定性因素的存在。本部分针对信息不确定条件下非常规油气资源开发投资组合的多阶段决策优化难题，根据最新的勘探开发数据等初步估测出页岩气开发区块的区间收益率，结合不同年度非常规油气资源开发投资所持有的风险态度和开发投资预算，以寻求年度内收益最大化和风险最小化的页岩气区块为重点研究对象，从解决不同区块的投资组合和资金分配入手，运用多阶段决策和现代

投资组合的理论，将决策问题进行形式化描述，并在计算机中加以实现，使管理者或决策者在即使不懂数学模型的情况下，输入开发投资金额及不同开发区块的未来收益率判断，即可得出决策结果。

## 4.5  本 章 小 结

非常规油气资源勘探开发投资是一个不确定条件下的多阶段、多目标、多属性的决策问题，本章采用分解-协调思想和结构化分析方法把非常规油气资源勘探投资决策这一复杂决策优化问题进行分解和简化，分解成几个相对独立但又相互联系的较小的子问题进行建模和求解，避免理论上可建立一个大的互相嵌套的模型却无法求解的局面。运用多目标动态决策优化理论，构建非常规油气资源勘探和开发活动投资分配模型，权衡多个冲突目标以获得问题满意解；建立不确定条件下的非常规油气区块优选动态多属性决策模型，并考虑对随着勘探开发的深入而获取的信息进行动态调整以指明勘探投资的方向和优先次序。同时，设定不同情境建立非常规油气资源开发投资决策优化模型。一是从解决不同区块投资规模入手，运用多阶段动态规划、多目标优化决策和不确定多属性方案优选的方法理论，建立不确定条件下非常规油气资源开发投资的多阶段多目标决策模型，将国有石油企业的开发投资决策过程进行形式化描述；二是以其他类型石油企业页岩气开发投资为例，从解决不同区块的投资组合和资金分配比例入手，运用现代投资组合理论和多阶段决策的方法，融合决策者对风险偏好的不同持有态度，建立基于区间数的页岩气开发投资组合的多阶段决策优化模型，为求解非常规油气资源开发投资决策难题提供新的思路和方法。

## 参 考 文 献

[1]    Morris P A，Oren S S. Multiattribute decision making by sequential resource allocation[J]. Operations Research，1980，28（1）：233-252.

[2]    Gershwin S B，Hildebrant R R，Suri R，et al. Control perspective on recent trends in manufacturing systems[J].IEEE Control Systems Magazine，1986，6（2）：3-15.

[3]    Svensson E，Strömberg A B，Patriksson M. A model for optimization of process integration investments under uncertainty[J]. Energy，2011，36（5）：2733-2746.

[4]    童晓光，黎丙建.老油区石油储量增长趋势预测及应用[J].石油勘探与开发，1991，（6）：25-31.

[5]    Nijkamp P，Delft A V. Multi-Criteria Analysis and Regional Decision-Making [M]. New York：Springer Verlag，1977.

[6]    徐泽水，达庆利.区间数排序的可能度法及其应用[J].系统工程学报，2003，18（1）：67-70.

# 第 5 章　非常规油气资源勘探开发投资决策优化
# 模型的求解方法

第 4 章构建的投资决策优化模型是针对非常规油气资源勘探开发序列投资决策问题而构建的，决策要求和问题复杂程度不一使所构建的子模型的复杂程度也不一样，有的用已有的成熟算法即可求解，有的难以求解，需要进行求解思路和算法的创新。因此，本章首先对所构建模型的复杂性分别进行分析，从而提出模型的求解思路，并以此为依据设计具体的算法和求解步骤。

## 5.1　模型的复杂性及其求解思路

### 5.1.1　模型的复杂性分析

针对非常规油气资源勘探开发投资问题建立的递阶决策模型框架，是分别采用多阶段决策、多目标动态优化、多属性决策、区间数及现代投资组合等相关理论和方法构建的四个投资决策优化模型，如何进行递阶决策模型和这四个模型的求解将展开复杂性分析，为求解思路的构建和设计奠定理论基础。

1. 勘探和开发活动投资分配模型的复杂性分析

在构建的勘探和开发活动资源分配模型中共有三个目标要实现，而在这些目标中，某个目标的"优化"将导致另外一个目标的"劣化"，或者说一个解对于某个目标来说可能是较好的，但对于另外的目标来讲则可能是不好的，如投资回报最大化和环境破坏力度最小化的冲突。因此，想要同时求解出满足各个目标最优化的最优解一般是不可能的。一般情况下都是在平衡各个目标间的关系基础上，经过各目标权衡后得出相对满意的方案。另外，由于非常规油气资源勘探开发的复杂性和巨额投资的不可逆性，目标实现时往往有很多的约束条件，而这些条件如果全是线性的，则是线性的多目标规划问题，相对容易求解。然而，实际操作过程中，无论是投资额度、年度探明储量、年度油气产量及储量接替率等这些约束条件，都是非线性的约束函数，建立的勘探和开发投资分配模型则是非线性的多目标优化模型。并且，由于非常规油气资源勘探开发严重依赖油价、技术进步、生产成本等内外部环境因素，勘探和开发的投资分配效果也和这些因素直接相关，而每年年初做投资分配决策时，决策以后到底会出现什么样的决策结果或者说决策后下一步可能出现的状态是不能准确预测出来的，这就要求非常规油气资源勘探和开发每年的投资分配决策方案并不是固定不变的，而是应随着获取的最新信息和上一年的决策结果进行不断调整，每年年初做出最优决策后，根据下一步实际出现的决策结果状态及获取的最新信息，再做出新的最优决策，反复进行直至投资规划结束，这是一个典型的序贯决策过程。

由上述分析可知，勘探和开发活动投资分配模型是一个基于非线性约束的多目标动态优化模型，比较复杂，难以求解。

**2. 勘探投资决策优化模型的复杂性分析**

在对可供勘探的区块进行投资决策时，由于各区块蕴含的地质资源量、地质资源属性、地理位置和条件等有所不同且勘探投资金额是有限的，如何进行资源有限条件下的最优配置是石油企业在进行勘探投资时要解决的重要任务。因此，要求筛选最有投资价值的区块进行勘探，从而明确勘探的方向和优先次序，这是石油企业勘探投资的重中之重。为对区块的商业价值程度进行对比分析，石油企业往往会设置不同的指标属性来描述这些区块。以页岩气为例，判断页岩气区块开采是否具有商业价值意义，除了考虑区块本身蕴含的原始地质储量之外，还需要考虑其埋藏深度、不同阶段产气规律、水资源消耗、环境保护投入、道路建设和管道铺设等基础设施投资情况，从而才能够优选出最具有商业价值的区块或者对区块投资价值的优先次序进行排序，属于典型的多属性决策问题。然而，由于非常规油气资源勘探开发投资决策的复杂性和不确定性，以及决策者或专家知识经验的局限性和思维的模糊性，这些描述区块的属性信息和属性权重是随着勘探开发的深入而逐步获得的，无法在一开始就给出一个精确的数值来进行表达，而是以区间数的形式给出。并且，随着时间的推移，对这些区块掌握的信息越来越多，则各区块属性值、属性权重及勘探各阶段的时间权重等也会随之发生变化。

可见，本书所建立的非常规油气资源勘探投资决策优化模型是基于区间数的动态多属性决策优化模型，是一个典型的不确定条件下的动态多属性决策问题。

**3. 开发投资决策优化模型的复杂性分析**

对于国有石油企业来说，其开发投资决策问题都是分年度进行的，每年年初都要根据当前面临的状态和投资预算金额进行区块间开发资金的合理分配，以满足投资收益高、环境破坏力度小、开采成本较低等不同目标需求。不同的分配方案会产生不同的结果，各区块的产量、利润、现金流、储量接替率及储采比等都会有所不同，各年度的决策不仅决定本年度的状态，还会影响下一年度的决策，进而影响整个投资决策过程的优化。随着勘探开发的深入，对区块的认知程度在不断增加，加上外界因素如油价、技术进步、环境要求等也在不断发生变化，即使最权威的石油专家也难以对各类属性或决策信息给出精确值，在实际的决策过程中评价事物时很难给出确切的数据，决策信息往往以区间数的形式给出，整个决策过程充满了不确定性，属于不确定条件下的决策优化问题。因此决策者需要在下一年年初，根据上一年的决策结果，对所有可能的策略进行评价，在所有可能采取的策略中选取一个最优的投资分配方案，从而寻求整个投资过程的最优策略方案。可见，非常规油气资源的勘探开发投资决策属于不确定条件下的多阶段多目标决策优化问题。

对于非国有石油企业来说，是否做好项目投资组合管理和开发投资规划将决定其能否在非常规油气市场上成为赢家，其开发投资决策一般也是分年度进行的。随着勘探开发的不断进行，石油企业面临的不确定性形势和信息逐渐明朗，此时投资决策者可根据获取的最新信息调整勘探开发投资决策方案，并根据不同年度所面临的内外部环境因素进行投资组合管理策略和运营模式的动态调整以进行企业资源的最佳配置，它属于不确定条件下的多阶段投资组合优化问题。具体而言，它基于区间数的多阶段投资组合的动态规划模型，求解过程比较复杂，需要用到均值-半方差计算、区间数运算法则、动态规划和多目标加权平均法等。

## 5.1.2　问题求解思路

由上述分析可知，非常规油气资源勘探开发整体投资决策是一个不确定条件下的多阶段、多目标、多属性的复杂决策优化问题，要想使勘探开发投资效果整体较好，需要处理好一系列投资决策子问题，并且某一子问题的解会是另一个子问题的输入参数。在进行问题求解时，随着勘探开发区块数目和方案的增加及复杂化程度的提高，容易出现"维数灾难"，且给出的决策方案还要求能对环境变化具有较高的动态适应性，因此，要想用一个统一的方法对所建立的四个勘探开发投资决策优化模型进行求解以获得序列投资决策问题的可行解或者满意解是不现实的，故需对勘探开发投资决策问题进行分解求解，而复杂大系统的简化求解策略是值得借鉴的求解方式。

　　为便于对复杂问题进行简化处理和有效的控制，通常采用递阶控制系统的相关理论和方法进行处理，即把较为复杂的大系统控制问题分解为若干个互相关联的子系统控制问题来进行处理。复杂大系统的最优控制方式之一是多级递阶结构控制方式，其主旨思想就是把整个系统按照一定的方式分解为若干个子系统，分解时既要考虑各子系统之间的内在联系，同时又不作为一个集中系统而采取一揽子的办法来处理，而是协调各子系统的任务，使它们相互配合、相互制约，以实现整个系统的全局优化[1]。多层级递阶控制系统的结构如图 5.1 所示。

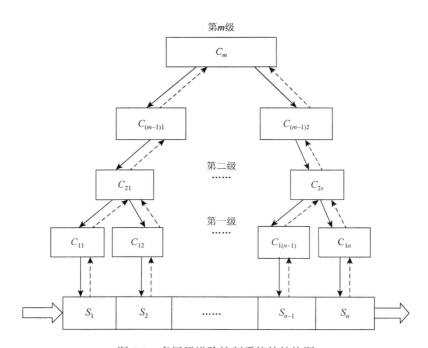

图 5.1　多层级递阶控制系统的结构图

　　各个子系统 $S_i$ 的控制作用分别是由按照一定优先级和隶属关系的决策单元 $C_{ij}$（或称控制单元或控制器）构成的。上级对下级有协调权，它的决策直接影响下级决策单元的动作，上级控制决策的功能水平高于下级，级别越往上，越关心系统的长期目标，涉及问题的不确定性越多，越难做出确切的定量描述和决策[2]。具体可以描述为：第一级决策单元直接作用于各子系统，完成对子系统的控制任务；第二级决策单元进行上一级的决策，同时又受控于上一级的决策单元，类似地可以递阶至第三级、第四级……从而形成多级递阶控制系统。图 5.1 中的矢线表示信息传输的方向，决策单元也由两个以上的级配列起来，同级的各决策单元可同时平行工作并对下级施加作用。

　　但需要注意的是，大系统最优控制的分解与协调并不是孤立的，而是矛盾统一的过程。从方法论的角度来看，分解-协调这种"先分后合""分两步走"的思想，对于解决复杂的经济问题等，具有一定的普遍意义[1]。由前述问题描述可知，非常规油气资源勘探开发投资决策问题也呈现类似的多级递阶结构特征。随着勘探开发的不断深入，石油企业所获取的有关区块和项目信息不断增多，石油企业对于该区块项目的不确定性逐步减少，需要根据最新的数据信息调整后续的投资方案。另外，油价和技术进步的多变性也要求每年调整相应的投资决策方案。以此类推下去，每年都可以根据当时所处的状态和信息得出一组年度最优投资集合及不同的年度最优投资策略。另外，投资资源分配比例一旦确定，根据本年度所获取的信息也可以确定一个勘探和开发活动的投资策略，然而，这一投资策略应处于动态调整过程中，因此，每年得出的最优策略虽然满足整体最优，但由最终得出的最优策略集合并不能获取整个投资过程的最优，是相对满意的决策方案。另外，投资规划的时间周期也需要考虑灵活性，重新评估投资的水平和步伐或投资策略。传统的想法是对于特定的资产有一个长期规划，在非常规情况下，开发活动（在此期间大多数投资金额被分配）是围绕一些自然点序列发生的，在这些点，可以根据先前阶段的情况进行战略或运营方面的调整。

　　非常规油气资源勘探开发投资决策问题具有多阶段、多目标、多属性和不确定性的特点，是一个复杂的大系统。由于勘探和开发投资决策考虑的关键因素多且具有较强的不确定性，用单一数学模型来研究，将会因其变量维数的巨大，约束条件的众多等，使建立的模型实际上很难求解。因此，利用控制论中的多级递阶控制结构分解-协调思想，把石油企业非常规油气资源勘探开发整体投资决策问题划分为一系列相对独立但又相互联系的序列投资决策子问题并集成在一个系统框架内进行研究，然后建立各子问题的数学模型，进行各层次投资决策问题的优化，再通过协调作用，实现年度投资决策问题的整体优化，即"合零为整"。而在进行求解时，利用多级递阶最优控制系统的分解-协调思想，把这种复杂的数学模型问题划分为一系列决策问题的数学模型进行求解，以简化这种复杂问题的结构，即把勘探开发投资决策这一复杂问题化为一系列相对比较简单的决策模型进行求解，实现"化整为零"。这种求解思路的实现不但有利于运用具体的方法来求解各个决策问题的投资优化模型，实现各投资决策方案的优化调整。同时，可以由上级部门或集团公司调整投资预算规模以确定协调作用，协调在此基础上的一系列投资决策问题，以实现长短期目标的协调统一。对于这样一个复杂的整体决策优化问题，其求解思路如图 5.2 所示。

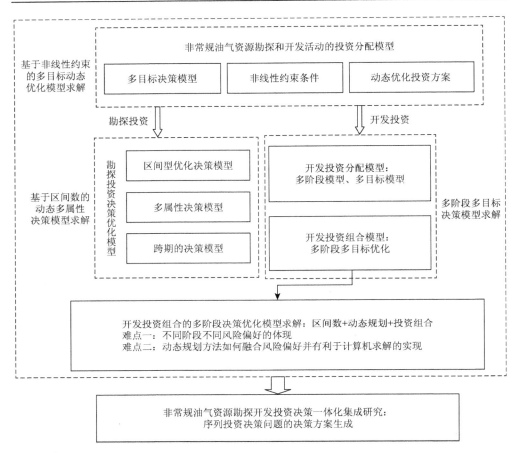

图 5.2　非常规油气资源勘探开发分层递阶投资决策问题的求解思路

# 5.2　多阶段多目标多属性决策问题求解方法的研究

## 5.2.1　多阶段多目标模糊优化模型及算法的研究进展

多目标优化决策应用领域非常广泛，Johnson 和 Hurter[3]应用多目标优化模型研究住房和福利改革，希望能为相关部门提供决策支持。Masin 和 Bukchin[4]研究了多目标优化的多样化最优途径和方法，并提出利用 DMA 方法生成多目标优化的有效前沿，这一方法能有效解决混合整数和组合优化问题。然而，不确定性因素的存在增加了多目标优化的难度，Bell[5]开始研究不确定条件下的决策分析，Klein 等[6]还提出了一个通用的多目标算法来应对这种不确定性，它适合用于离散状态下的多目标多属性决策研究。为求解不确定环境下的多阶段多目标决策问题，蔡志强等[7]针对不确定环境下多阶段多目标决策问题，在贝叶斯网络的基础上提出了一种不确定多阶段多目标决策模型，并详述了其构建方法及求解算法。陈守煜等[8, 9]提出多阶段多目标系统的模糊优化决策理论与模型，并把它应用于复杂水资源系统中的资源分配，是多目标水资源系统一条新的优化途径。Abo-Sinna[10]探讨了多目标模糊动态优化的几种情况，并利用动态规划技巧解决了目标相互冲突的一系列决策问题。Phelps 和 Köksalan[11]提出利用进化元启发式算法进行多目标组合优化问题的求解，并把结果进行成对比较以获取满意解。熊德琪和殷佩海[12]利用最优均衡策略下的模糊优选动态规划，为求解多阶段多目标决策优化问题提供新思路。李振华和王浣尘[13]建立风险投资的多阶段多目标决策模型，试图找出风险投资合作的安全合理区域，以更好地指导风险投资合作。

## 5.2.2　区间数动态多属性决策模型和算法的研究进展

多属性决策，也称为有限方案多目标决策，是在有限的方案中根据多个属性进行方案的优选和排序。Saaty[14]深入分析了层次分析法（analytic hierarchy process，AHP）和网络分析法（analytic network process，ANP）在多属性或多目标决策中的实际应用。自模糊集理论应用到多属性决策以后[15]，模糊多属性决策问题开始得到不少学者的研究和关注，并在物流服务商选择、工程招投标、投资方案选择等领域进行应用，取得了较好的效果。由于决策问题的复杂性和模糊性，我们开始利用直觉模糊集[16]、三角模糊数[17]、区间数[18]研究多属性决策问题。针对具有不确定区间数的多属性决策问题，利用线性规划模型进行排序的方案不具有可比性[19]，改进之后的模型保证每个方案的模糊综合评价值均使用同一属性权重向量，这使方案具有可比性，相应的决策分析才显得更有意义[20]。

关于区间数动态多属性决策模型的求解方法，已经有不少学者开展了相应研究。Xanthopulos 等[21]开展了基于区间数的交互式多目标群决策问题研究，苏志欣等[22]根据不同决策阶段的时间和属性权重已知且属性值以区间数形式给出的动态多属性决策问题，利用传统多准则妥协解排序法的求解思路，得出各阶段不同方案的评价值，引入不确定的动态加权平均集成算子，从而得出不同方案基于区间数的整体评价值。借助于区间数运算法则和两两比较的由徐泽水等提出的可能度公式和模糊互补判断矩阵公式[1]，对区间数进行比较，从而得到整个决策方案集的排序。

## 5.2.3　多阶段模糊投资组合模型和算法的研究进展

自 Mossin[23]提出多阶段投资组合的数学模型以来，许多学者[2, 24]研究了动态的投资组合模型,却忽视了不确定性因素的存在。Armbruster 等[25]针对决策者效用函数不完全已知的情况研究了不确定条件下的最优决策问题,并通过投资组合优化给出相应结果。Liu 等[26]指出关于多阶段模糊投资组合问题的研究仍处于探索阶段,许多学者[27-29]对这一问题进行了相应的研究和拓展,提出多周期的模糊组合模型并在股票和债券投资方面加以应用,取得了较好的效果。关于多阶段投资组合问题的求解,Mossin[23]虽然首次利用动态规划将单阶段投资组合问题推广到多阶段,但由于计算机应用的限制,并没有得到问题的解析解。Li 和 Ng[30]提出离散多阶段均值-方差分配模型,并通过动态规划方法得出问题的解析解。张鹏等[31, 32]建立多阶段均值-半绝对偏差可能性投资组合模型,并用旋转算法和离散近似迭代法进行求解,得出模型的一个可行解。

### 5.2.4 复杂大系统决策优化模型和算法的研究进展

多阶段、多目标、多属性决策问题非常复杂,且许多应用领域是大系统对象。大系统的一般特点是阶次高、子系统多且相互关联,以及系统的评价目标多且目标可能相互冲突。大系统一般具有两个特征:一是维数非常大,难以用常规方法进行有效计算;二是结构复杂,通常由相互关联的子系统组成。这种大系统的优化主要有三种策略,即递阶优化、分散控制和主从方法,它们都是以分解-协调为基础的[33]。主从递阶决策是指有主从关系的群体决策优化算法,适合于不同层次人员共同做出决策优化的问题求解,每层次都有自己的目标,并且它们之间有着某种程度的隶属关系,该方法能够将全局优化与分布式计算结合起来[34]。多层递阶方法在气象领域[35]和水利领域[36]得到了广泛的应用,它们都属于复杂大系统问题范畴。这种复杂的大系统问题一般可分解为若干个相互关联的子系统问题来处理。例如,把一个整体问题 $P$ 分解成一定数量的子问题 $P_i$,由于各子问题之间相互关联,有必要引进一个干预向量(或称为协调向量)$\lambda$ 不断进行协调,使子问题的解能最终逼近整体问题的解,这就是递阶结构中的协调问题:

$$[P_1(\lambda), P_2(\lambda), \cdots, P_n(\lambda)]_{\lambda=\lambda_s} 的解 \Longrightarrow P 的解$$

对于这种复杂或大系统的优化问题,一般构建的数学模型是:考虑由相互关联的 $N$ 个子系统构成的复杂大系统,第 $i$ 个子系统的数学表达式可以表示为[37]

$$\begin{cases} y_i = F_i(c_i, u_i) \\ g_i(c_i, u_i, y_i) \leqslant 0 \\ u_i = H_i y \end{cases} \quad (5.1)$$

其中，$c_i$、$u_i$ 和 $y_i$ 分别是第 $i$ 个子系统的控制输入、关联输入和输出，$F_i$ 是第 $i$ 个子系统的模型。记为

$$c = [c_1, c_2, \cdots, c_N]'; u = [u_1, u_2, \cdots, u_N]'; y = [y_1, y_2, \cdots, y_N]'$$

控制目标为 $\hat{c}$，则公式为

$$\hat{c} = \arg \min \phi(G_1, G_2, \cdots, G_N)$$

其中，$G_i = G_i(c_i, u_i, y_i)$ 是第 $i$ 个子系统的性能指标，即目标函数，总的性能指标为

$$G = \phi(G_1, G_2, \cdots, G_N)$$

因此，大系统优化问题求解公式表示为

$$\begin{cases} \hat{c} = \arg \min \phi(G_1, G_2, \cdots, G_N) \\ y = F(c, u) \\ g(c, u, y) \leqslant 0 \\ u = Hy \end{cases} \tag{5.2}$$

其中，关联矩阵 $H = [H_1, H_2, \cdots, H_N]$，由 0 和 1 组成。

针对目标函数可分解并具有可加性的复杂问题，已经有成熟的分解-协调算法。然而实际许多问题的目标函数并非简单可加和，可能存在非线性的耦合，为此，Singh 和 Titli[38]采用引入伪变量的方法来求解，但伪变量迭代校正的收敛性问题并没有得到证明。钱富才和万百五[39]提出了两种新的分解-协调方法，可以通过上下级之间的纵向信息交换对子系统之间的关联进行解耦和利用子系统之间横向信息传递对目标函数进行解耦，并对问题的收敛性进行了证明。关于递阶决策问题的求解，王洪涛和刘玉田[34]构建主从递阶决策模型用于研究大面积停电后分布式恢复问题，并提出基于回溯算法的优化方法，通过自下而上的可行性检验和自上而下的目标优化，限制问题的求解规模。为便于求解多目标不可分的问题，钱富才和万百五[40]提出了一种能够满足决策者偏好并克服目标函数不可分性的双环迭代算法，该算法根据不同偏好把多目标问题聚集为不可分的单目标。为求解多级决策过程的最优控制问题，傅春生[41]将大系统控制论中的分解-协调的递阶算法和运筹学动态规划的最优化原理结合起来，根据各子系统的顺序直接作用，提出以二次型为性能指标的离散线性系统优化的算法来求解多级决策过程的最优控制问题，通过控制器来实现递阶算法，但这种方法要求有可靠对象的数学模型并掌握实际允许控制集和各状态变量变化的大致范围。在模仿人类认识事物的分层递阶原则指导下，乔斌等[42]提出基于粗糙集理

论的分层递阶约简算法体系，从而对各属性层次进行递阶约简，还能够实行并行运算，实用性和动态性较好。

　　非常规油气资源勘探开发投资是一个不确定条件下的多阶段、多目标、多属性决策问题，涉及多阶段多目标的决策优选理论和方法，前人已经做了诸多研究，为本书提供了良好的基础。然而，多阶段多目标系统最优决策的复杂性与系统分析矛盾十分突出，决策过程中往往存在许多不确定性因素，决策主观因素占有很大比重，给出的各种数据往往也不是一个确切的值，而是以区间数的形式估测。此外，非常规油气资源勘探开发又有其独特的特殊性，资源埋藏于地下，难以在最初就确定其地质资源属性、油气储量和产量，所需要的开采技术、水资源量及环境污染程度等也无法准确预测，无法在一开始就制定一个一成不变的投资决策方案，而是需要根据勘探开发的不断深入而获取的最新数据和信息及时调整投资方案，不同的投资决策方案会产生不同的投资效果，并对今后的储量、产量、现金流及商业价值等产生影响。因此，本书在前人研究基础之上，研究非常规油气资源勘探开发投资决策问题的形式化表达方法，利用复杂系统和复杂优化决策的理论把这种复杂的问题进行简化，为求解非常规油气资源勘探开发投资决策问题探索一种新的途径和方法。

## 5.3　分层递阶结构决策优化问题的算法分析与设计

### 5.3.1　算法难点分析

　　关于这种呈现递阶结构特征的复杂决策问题的主要优化途径一般都是利用数学上的分解-协调途径，即把整体决策问题构建成一个模型嵌套模型的合适的数学模型，然后根据该模型的特征选择合适的分解-协调算法求解，这种方法理论严谨，但往往会由于变量太多、计算量过大、需要的内存量过多而给计算机求解造成困扰[1]。递阶算法是解决大系统最优控制问题的一种非常有效的方法，通过设置协调器获取上一级子系统或子问题的求解结果，并判断此解是不是整个系统的最优控制解，如果不是则可指示各子系统或子问题修改并重新计算，可见此算法是一个分级的迭代算法。对复杂问题的研究和求解，往往是对复杂问题进行分解、简化、概括、抽象，得到不同的模型，再对模型进行分层描述，由高层向低层逐步深化，这种分层递阶算法的主要作用是降低计算复杂度，使原来难以处理的复杂问题得以简化[43]。刘远等[44]提出一类复杂产品多级多目标供应链质量控制方案的递阶决策模型，以控制资源为纽带，把复杂产品供应链质量控制屋（hierarchical supply chain control，HSCC）表征为多级多目标规划模型，确定最优组合方案，并利用这种递阶算法进行求解，算法流程如图 5.3 所示。

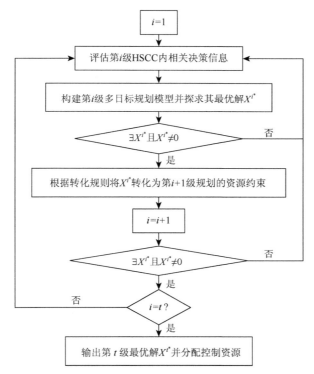

图 5.3　多级递阶求解算法流程

　　根据上述由高级到低级逐级迭代的思想设计的多级递阶求解算法可知，第 1 级的多目标决策模型得出的最优解 $X^{1^*}$ 转为其第 2 级模型的资源约束条件，得出第 2 级的最优解 $X^{2^*}$，然后转为第 3 级模型的资源约束条件，依次类推，得出不同级别的最优解。但是，这种求解的思路目前多用在主从递阶决策问题的求解上，所求解的整体决策模型是相互嵌套的，上一层级决策问题模型的求解结果是下一层级决策问题模型的输入，下一层级决策以上一层级决策变量为前提，为下一层级决策问题模型提供输入变量，然后在整个决策问题的等级上进行协调，得出求解的决策者满意的非劣解。但是，如果决策层级超过三层，则求解起来就极为困难，甚至不能求解。而非常规油气资源勘探开发投资决策问题的求解显然超过两层，并且决策层级之间的模型是互不嵌套的，根据传统的主从递阶算法是无法得出投资决策方案的，必须进行求解算法的创新。

## 5.3.2　改进的递阶决策问题的逻辑结构求解算法

　　虽然本书是根据大系统理论中的分解-协调思想并采取递阶控制方法来进行投资决策问题的建模和求解的，但是传统的基于模型嵌套的递阶求解算法并不能有效地解决此问题。传统方法是把构建的集成的、相互嵌套的模型采用递阶迭代算法进行求解，将需要递阶优化的各个模型或层次组成一个闭环，通过循环迭代过程获得可行解。这种方法不但能够避免递阶方法的缺点，还可以解决利用整体方法求解困难的问题，优势明显，但该方法只能给出一个可行解，而对于解的质量则无法评估。通过前人的研究可知，基于递阶分解的次优策略是有希望且具有实际意义的[34]，通过前面的分析可知，要想通过本书得出非常规油气资源勘探开发生命周期内的最优解亦不现实，所以我们退而求其次，也是以寻找次优策略或者可行策略作为准则进行问题的求解。

　　本书采取分解-协调思想把非常规油气资源勘探开发序列投资决策问题集成在一个问题框架内进行研究，而采用的方法途径就是建立在问题的递阶分解基础上，将原投资决策问题分解为一系列相对简单的投资决策问题，然后依次求解，这与传统的递阶决策问题的构建（即将模型进行递阶分解）是不一样的。按照多层递阶系统控制方法和系统论中的结构化分析方法将复杂决策优化问题分解为一系列子决策问题的序列，从而把非常规油气资源勘探开发整体投资决策问题分解为四个相互独立但又相互关联的子问题，即勘探开发投资规模、勘探和开发活动投资分配、勘探投资决策和开发投资决策，具体可见 3.2.2 节内容。每一个子决策问题都有一个解，就是该决策单元或问题的输出，同时也是下一决策单元或问题的输入，根据这个输入确定下一决策单元中的参数，然后确定下一决策单元的输出，如此一层一层进行下去，再利用序贯式算法的求解思路，根据所求解问题优先级的先后次序，形成非常规油气资源勘探开发投资决策问题的递阶决策问题的逻辑结构求解算法，并依次求解。具体求解流程如图 5.4 所示。

　　针对第一层级问题的解可以看作是一个外部输入参数，可以由上级部门或集团公司等根据实际企业经营、油气价格预测及非常规油气资源勘探开发实际进展情况来确定，也可以另外构建一个序贯决策模型等来确定求解，但这不是本书的研究重点。

　　第二层级问题是在第一层级问题的结果基础上，建立的以净现金流最大化、技术增值最大化及环境破坏力度最小化为目标的多目标非线性约束模型。此模型虽然复杂，但并不是多维问题的求解，所以采用目前多使用的序列二次规划、最小二乘法及字典序优化决策方法即可求解。具体做法是依据决策者的经验，将各目标按照重要程度进行优先排序，从最重要的目标开始逐一进行求解并向下递推优化等，以进行多目标问题的依次求解，最终得出可行解。

　　第三层级问题的求解涉及勘探投资决策和开发投资决策两个方面的内容。对于勘探投资决策而言，建立的基于区间数的区块优选动态多属性决策模型，目前已有许多学者进行过此类问题和算法的研究，可应用区间数运算法则、逼近理想解排序法（technique for order preference by similarity to ideal solution，TOPSIS）及

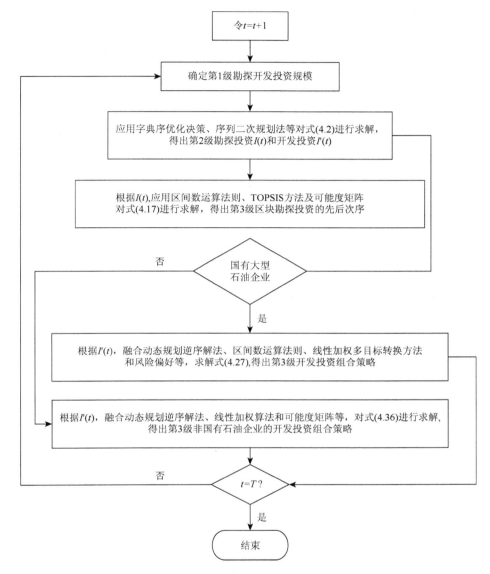

图 5.4　递阶决策问题逻辑结构求解算法流程体系

可能度矩阵对式（4.17）进行求解，从而得出区块勘探投资的方向和先后次序。而对于开发投资决策而言，可融合动态规划逆序解法、线性加权算法和可能度矩阵等，对式（4.27）进行求解，得出国有石油企业的开发投资组合策略；另外，还需融合动态规划逆序解法、区间数运算法则、线性加权多目标转换方法和风险偏好等，求解式（4.36），得出非国有石油企业的开发投资组合策略。

# 5.4　基于区间数的 TOPSIS 方法和改进的逆序解法

## 5.4.1　基于区间数的 TOPSIS 方法

### 1. 区间数运算法则

4.4 节建立的模型是基于区间数的动态多属性决策优化模型，页岩气开采各阶段的时间权重、属性权重及各属性值都是以区间数的形式给出，则可以利用 Nijkamp 和 Delft[45] 给出的区间数运算法则求解每一阶段每一区块的综合属性值。令 $\mathbb{R}$ 为实数，则 $\tilde{a} = [a^L, a^U](a^L \leqslant \tilde{a} \leqslant a^U, a^L \in \mathbb{R}, a^U \in \mathbb{R})$ 为闭环的实数区间数，其中当 $a^L$ 和 $a^U$ 相等时，$\tilde{a}$ 退化为一个实数。

$$\begin{cases} \tau\tilde{a} = [\tau a^L, \tau a^U](\tau \geqslant 0) \\ \tau\tilde{a} = [\tau a^U, \tau a^L](\tau \leqslant 0) \\ \tilde{a} \pm \tilde{b} = [a^L, a^U] \pm [b^L, b^U] = [a^L \pm b^L, a^U \pm b^U] \\ \tilde{a} \times \tilde{b} = [a^L, a^U] \times [b^L, b^U] = \left[ \min(a^L b^L, a^L b^U, a^U b^L, a^U b^U), \max(a^L b^L, a^L b^U, a^U b^L, a^U b^U) \right] \end{cases}$$

$$(5.3)$$

### 2. 基于 TOPSIS 法的方案综合属性值求解

对于勘探投资而言，由于非常规区块优选的复杂性，很难在众多区块中选择一个最优方案。然而，不同区块中的各属性值都有一个最优值和最劣值，每一阶段的正理想解由所有指标的最优值组成，负理想解由所有指标的最劣值组成，选择区块时应尽可能接近最优值而远离最劣值，这是逼近于理想方案的排序方法即 TOPSIS 法的核心思想，其距离的计算可采用普遍使用的欧氏距离。然后，综合各阶段权重、属性权重及不同阶段不同区块的属性值，得出的各区块的综合属性值是一个区间数，对区间数进行排序则可以利用徐泽水等提出的可能度法。具体过程如图 5.5 所示。

第一步：确定阶段 $t$ 各方案属性的正理想解和负理想解。

令阶段 $t$ 的各方案属性的正理想解为 $\tilde{X}(t)^+ = (\tilde{x}_1(t)^+, \tilde{x}_2(t)^+, \cdots, \tilde{x}_n(t)^+)$ 和负理想解为 $\tilde{X}(t)^- = (\tilde{x}_1(t)^-, \tilde{x}_2(t)^-, \cdots, \tilde{x}_n(t)^-)$。

对于效益型指标，其值越大越好，第 $t$ 阶段第 $i$ 个方案第 $j$ 个属性的正、负理想解公式为

$$\tilde{x}_j(t)^+ = [x_j^L(t)^+, x_j^U(t)^+] = [\max r_{ij}^L(t), \max r_{ij}^U(t)]$$
$$\tilde{x}_j(t)^- = [x_j^L(t)^-, x_j^U(t)^-] = [\min r_{ij}^L(t), \min r_{ij}^U(t)]$$

$$(5.4)$$

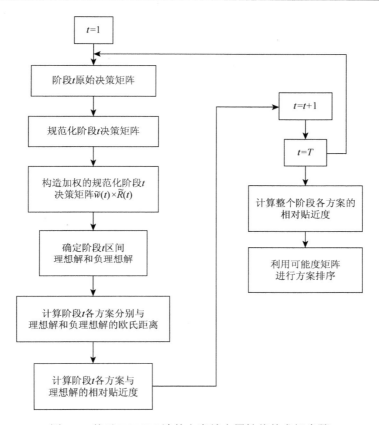

图 5.5　基于 TOPSIS 法的方案综合属性值的求解步骤

对于成本型指标，其值越小越好，第 $t$ 阶段第 $i$ 个方案第 $j$ 个属性的正、负理想解公式为

$$\tilde{x}_j(t)^+ = [x_j^{\mathrm{L}}(t)^+, x_j^{\mathrm{U}}(t)^+] = [\min r_{ij}^{\mathrm{L}}(t), \min r_{ij}^{\mathrm{U}}(t)]$$
$$\tilde{x}_j(t)^- = [x_j^{\mathrm{L}}(t)^-, x_j^{\mathrm{U}}(t)^-] = [\max r_{ij}^{\mathrm{L}}(t), \max r_{ij}^{\mathrm{U}}(t)] \tag{5.5}$$

第二步：计算阶段 $t$ 方案 $i$ 分别与正理想解和负理想解的欧氏距离。

计算阶段 $t$ 方案 $i$ 与正理想解 $\tilde{X}(t)^+$ 的欧氏距离 $\tilde{d}_i(t)^+$ 为

$$\tilde{d}_i(t)^+ = \left\| \tilde{z}_i(t) - \tilde{x}_j(t)^+ \right\| = \sqrt{\sum_{j=1}^{n} (\tilde{z}_{ij}(t) - \tilde{x}_j(t)^+)^2} \tag{5.6}$$

计算阶段 $t$ 方案 $i$ 与负理想解 $\tilde{X}(t)^-$ 的欧氏距离 $\tilde{d}_i(t)^-$ 为

$$\tilde{d}_i(t)^- = \left\| \tilde{z}_i(t) - \tilde{x}_j(t)^- \right\| = \sqrt{\sum_{j=1}^{n} (\tilde{z}_{ij}(t) - \tilde{x}_j(t)^-)^2} \tag{5.7}$$

第三步：计算不同阶段各方案与正理想解的相对贴近度。

任一阶段 $t$，各方案 $i$ 与正理想解的相对贴近度 $\tilde{c}_i(t)$ 为

$$\tilde{c}_i(t) = \frac{\tilde{d}_i(t)^-}{\tilde{d}_i(t)^+ + \tilde{d}_i(t)^-} \qquad (5.8)$$

整个阶段各方案与正理想解的相对贴近度 $\tilde{C} = (\tilde{C}_1, \tilde{C}_2, \cdots, \tilde{C}_m)$，有

$$\tilde{C}_i = \tilde{\lambda}(t) \times \tilde{c}_i(t) \qquad (5.9)$$

针对各决策阶段的时间权重及属性权重已知，属性值以区间数形式给出的动态多属性决策问题，提出一种新的决策方法，借助于区间数两两比较的可能度公式和模糊互补判断矩阵公式，对其进行比较，从而得到整个方案集的排序。这一动态多属性决策模型求解方法较为简单，目前有许多软件包可供利用进行求解，本书通过 Microsoft Excel 和 VBA 进行求解，具体求解过程在此省略。

## 5.4.2　改进的逆序解法

### 1. 基于区间数的逆序解法

对于国有石油企业开发投资决策而言，从解决不同区块投资规模入手，运用多阶段动态规划和多目标决策优化的方法理论，建立不确定条件下的多阶段多目标决策模型，并引入逆序算法求解初始状态已知的多阶段决策问题，运用线性加权算法进行综合目标的衡量，再利用可能度矩阵对同一阶段不同方案的实现目标进行优化和排序，并在计算机中加以实现，从而得以实现非常规油气资源开发过程中，石油企业能根据内外部环境变化进行投资决策方案的动态调整。

由于非常规油气资源开发投资初始状态 $s_1$ 是已知的，故 $d_1^* = s_1$ 和 $f_1(s_1, d_1^*)$ 是可以确定的，从而 $s_2 = \psi(s_1, d_1)$ 也就可以确定，于是 $d_2^*$ 和 $f_2(s_2, d_2^*)$ 也就可以确定。因此，可以用动态规划逆序算法进行求解。这样，按照上述递推过程相反的顺序递推下去，就可逐步确定出每年的决策及目标实现情况，则整个多阶段多目标优化决策问题就变为求解最优决策系列 $d_1^*, d_2^*, \cdots, d_T^*$。

1）第 $T$ 年

当 $t = T$ 时，$s_T$ 状态下投资方案只有一种，此时把目标指标作为属性指标，根据第 $T$ 阶段的决策属性矩阵 $\underline{D}(T)$，按照规范化公式得出规范矩阵 $\underline{R}(T)$，结合第 $T$ 阶段不同目标的权重系数 $\lambda(T)$，利用线性加权和法则可以得出第 $T$ 阶段的目标综合值 $G_T(s_T, d_T)$。令 $d_T^*$ 是第 $T$ 年的暂优投资方案，则 $d_T^* = s_T$，即可确定 $f_T(s_T, d_T^*)$。

2）第 $T-1$ 年

当 $t = T-1$ 时，$s_{T-1}$ 状态下的投资分配方案不止一种，此时，根据状态转移函

数 $s_T = \psi(s_{T-1}, d_{T-1})$，可以得出第 $T-1$ 年不同状态下的目标综合值 $G_{T-1}(s_{T-1}, d_{T-1})$，则第 $T-1$ 年至第 $T$ 年的目标合成值 $f(s_{T-1}) = G_{T-1}(s_{T-1}, d_{T-1}) + f_T(s_T, d_T^*)$。由于不同方案产生的目标合成值不同，则存在方案优选问题。

3）其他年度

根据上述步骤，可采用后向递推计算方法求出第 1 年至第 $T-2$ 年的最优目标合成值 $\{f_1(s_1, d_1^*), f_2(s_2, d_2^*), \cdots, f_{T-2}(s_{T-2}, d_{T-2}^*)\}$。

具体求解过程如图 5.6 所示。

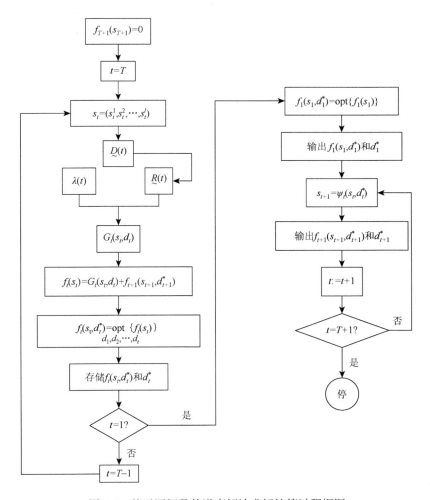

图 5.6　基于区间数的逆序解法求解计算过程框图

需要注意的是，不同状态下不同方案产生的 $f_t(s_t)$ 值是区间数，不能直接比较方案的优劣。因此，需要利用区间数的相关理论方法进行方案的筛选，具体求解步骤如下。

（1）把第 $t$ 年不同开发方案下产生的不同目标值看作属性值 $\underline{a}_{oj}(t)=[a_{oj}^{L}(t),a_{oj}^{U}(t)]$，从而构成决策矩阵 $\underline{D}(t)=[\underline{a}_{oj}(t)]_{Y\times n_t}$。

（2）将决策矩阵 $\underline{D}(t)$ 按式（4.10）和式（4.11）进行规范化处理，得出规范化矩阵 $\underline{R}(t)=[\underline{r}_{oj}(t)]_{Y\times n_t}$。

（3）由式（4.22）得出第 $t$ 年不同投资方案产生的综合目标值 $G_t(s_t,d_t)$。

（4）利用式（4.23）得出第 $t$ 年至第 $T$ 年状态为 $s_t$ 时 $Y$ 个目标的合成值向量 $f_t(s_t)$。

（5）利用区间数比较的可能度公式［式（4.24）］算出不同开发投资分配方案综合属性值（或目标值）之间的可能度，并建立第 $t$ 年的可能度互补矩阵 $P(t)$。

（6）利用式（4.25）求得可能度 $P(t)$ 的排序向量 $\omega(t)$ 以对方案进行排序，即可得出第 $t$ 年的最优开发投资方案。

（7）结束。

## 2. 融合风险偏好的逆序解法

对于非国有石油企业开发投资而言，所建立的开发投资决策优化模型是基于区间数的多阶段投资组合的动态规划模型，求解过程非常复杂，需要用到均值-半方差、区间数、动态规划和多目标加权平均法等，并且还要融合决策对不同区块呈现不同风险偏好。

### 1）半方差计算

令 $\tilde{\Lambda}(t)^{-}=\mathrm{cov}(\tilde{\theta}_i,\tilde{\theta}_j)^{-}=E(\tilde{\theta}_i-\delta_i)^{-}(\tilde{\theta}_j-\delta_j)^{-}$ 是下半协方差矩阵的下限值，而 $\tilde{\Lambda}(t)^{+}=\mathrm{cov}(\tilde{\theta}_i,\tilde{\theta}_j)^{+}=E(\tilde{\theta}_i-\delta_i)^{+}(\tilde{\theta}_j-\delta_j)^{+}$ 是下半协方差矩阵的上限值。其中，

$$(\tilde{\theta}_i-\delta_i)^{-}=\min(\tilde{\theta}_i-\delta_i,0),(\tilde{\theta}_i-\delta_i)^{+}=\max(\tilde{\theta}_i-\delta_i,0)$$

则有

$$\begin{cases} \tilde{\Lambda}(t)^{+}=\dfrac{\tilde{\Lambda}(\tilde{\theta}_i)^{+}\Lambda(\tilde{\theta}_j)^{+}+\dfrac{1}{2}\Lambda(\tilde{\theta}_i)^{-}\Lambda(\tilde{\theta}_j)^{+}+\dfrac{1}{2}\Lambda(\tilde{\theta}_i)^{+}\Lambda(\tilde{\theta}_j)^{-}}{\Lambda(\tilde{\theta}_i)\Lambda(\tilde{\theta}_j)}\times\mathrm{cov}(\tilde{\theta}_i,\tilde{\theta}_j) \\[4mm] \tilde{\Lambda}(t)^{-}=\dfrac{\Lambda(\tilde{\theta}_i)^{-}\Lambda(\tilde{\theta}_j)^{-}+\dfrac{1}{2}\Lambda(\tilde{\theta}_i)^{-}\Lambda(\tilde{\theta}_j)^{+}+\dfrac{1}{2}\Lambda(\tilde{\theta}_i)^{+}\Lambda(\tilde{\theta}_j)^{-}}{\Lambda(\tilde{\theta}_i)\Lambda(\tilde{\theta}_j)}\times\mathrm{cov}(\tilde{\theta}_i,\tilde{\theta}_j) \end{cases} \quad (5.10)$$

### 2）基于风险偏好的动态规划逆序解法

不同阶段决策者呈现的风险偏好程度是不一样的，因此，可以用基于风险偏好理论的逆序解法进行动态规划问题的求解。具体求解过程如图5.7所示。

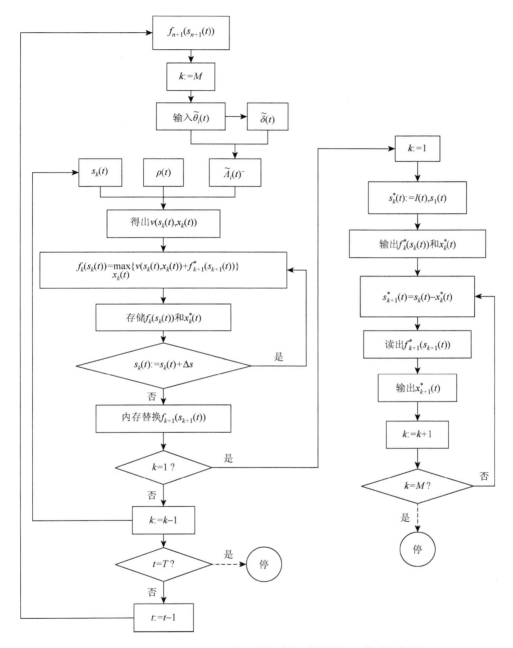

图 5.7　基于风险偏好的动态规划逆序解法的求解计算过程框图

　　石油企业每年都会根据上一年非常规油气区块的开发情况和对未来油气产量、储量及环境等因素的判断来调整风险系数和投资规模。每年开发投资规模是已知的，也就是初始状态 $s_1(t)$ 已知，故 $x_1^*(t) = s_1(t)$ 和 $f_1^*(s_1(t))$ 是可以确定的，从而 $s_2(t)$ 就可以确定，于是 $x_2^*(t)$ 和 $f_2^*(s_2(t))$ 也就可以确定。这样，按照上述递推过程就可逐步确定出第 $t$ 年 $M$ 阶段的最优投资策略，即 $(x_1^*(t), x_2^*(t), \cdots, x_M^*(t))$。根据上述算法，借助工具 Microsoft Excel 和 VBA 程序编写求解基于区间数的下半方差矩阵及利用不同的风险偏好系数求解阶段性目标，再利用 MATLAB 软件进行动态规划的求解。

从上述求解过程可以看出，非常规油气资源勘探开发投资规划和投资组合管理策略比较灵活，突破了传统的油气资源长期投资规划做法，即寻求整个生命周期内的目标最大化。原因在于非常规油气资源区块尤其是页岩气区块内的"井丛井"产气时间非常长，多达 30～50 年甚至 80 年，存在的不确定因素较多，难以预料，要想得出整个开发期的最优投资方案或策略是不现实的。因此，本书退而求其次，在进行策略求解时强调投资决策方案的可执行性和实用性，每年根据获取的最新勘探开发数据和信息重新评估开发区块的投资水平和策略，及时调整开发投资策略和资源分配比例。同时，利用改进的逆序解法，把决策者的风险偏好融入其中，解决了现有动态规划求解方法不能有效结合专家知识和经验及投资者风险偏好的做法，可以更好地提高非常规油气资源勘探开发投资决策生成方案的科学性、有效性和实用性。

## 5.5 本章小结

本章通过对非常规油气勘探开发投资决策优化模型的复杂性分析可知，非常规油气资源构建的模型是不确定条件下的多阶段、多目标、多属性的决策模型，是一个序列投资决策问题的集成模型，要想通过一个统一的方法进行勘探开发整体投资决策问题的求解是不现实的。根据分层递阶系统最优控制思想，采取递阶控制方法使序列投资决策问题"合零为整"，把问题进行整体集成，另外，采取改进的递阶求解方法求解各层级的投资决策问题模型，并作为下一层级问题的输入参数，使复杂的数学模型得以"化整为零"进行求解。通过分析可知，非常规油气资源勘探和开发活动的投资分配模型是基于非线性约束的多目标动态优化模型，求解比较复杂，但由于不是多维的，采用目前的常规算法即可得出可行解。勘探投资决策模型是基于区间数的动态多属性决策模型，利用多属性决策和动态决策优化的方法和理论，根据不同阶段不同区块呈现的不同属性特征值，可利用 TOPSIS 方法进行求解，得出每一阶段逼近于理想方案的最具有投资价值的区块，同时利用加权平均法和可能度法对基于区间数的贴近度进行排序，得出区块的投资方案，从而指明勘探投资的方向和优先次序。为国有石油企业建立不确定条件下多阶段多目标决策模型,并引入逆序算法求解初始状态已知的多阶段决策问题,运用线性加权算法进行综合目标的衡量,再利用可能度矩阵对同一阶段不同方案的实现目标进行优化和排序,并在计算机中加以实现,从而得以实现非常规石油资源开发过程中,石油企业能根据内外部环境变化进行投资决策方案的动态调整。对非国有石油企业的决策模型构建,是运用现代投资组合理论和多阶段决策的方法,融合决策者对风险偏好的不同持有态度,建立页岩气开发投资组合的多阶段决策优化模型,并融合动态规划逆序解法、区间数运算法则和线性加权多目标转换方法等,提出该模型的求解思路,为页岩气开发投资决策难题开辟一种新的方法和途径,并深化不确定条件下多阶段投资组合优化这类复杂问题的研究。

# 参 考 文 献

[1] 徐泽水, 孙在东.一类不确定型多属性决策问题的排序方法[J].管理科学学报, 2002, 5 (3): 35-39.

[2] Hakansson N H. Multi-period mean-variance analysis: toward a general theory of portfolio choice [J]. The Journal of Finance, 1971, 26 (4): 857-884.

[3] Johnson M P, Hurter A P. Decision support for a housing mobility program using a multiobjective optimization model[J]. Management Science, 2000, 46 (12): 1569-1584.

[4] Masin M, Bukchin Y. Diversity maximization approach for multiobjective optimization[J]. Operations Research, 2008, 56 (2): 411-424.

[5] Bell D E. Disappointment in Decision Making Under Uncertainty[J]. Operations Research, 1985, 33 (1): 1-27.

[6] Klein G, Moskowitz H, Ravindran A. Interactive multiobjective optimization under uncertainty[J]. Management Science, 1990, 36 (1): 58-75.

[7] 蔡志强, 孙树栋, 司书宾, 等.不确定环境下多阶段多目标决策模型[J].系统工程理论与实践, 2010, 30 (9): 1622-1629.

[8] 陈守煜, 周惠成.多阶段多目标系统的模糊优化决策理论与模型[J].水电能源科学, 1991, 9 (1): 9-17.

[9] 陈守煜.多阶段多目标决策系统模糊优选理论及其应用[J].水利学报, 1990 (1): 1-10.

[10] Abo-Sinna M A. Multiple objective (fuzzy) dynamic programming problems: a survey and some applications[J]. Applied Mathematics & Computation, 2004, 157 (3): 861-888.

[11] Phelps S, Köksalan M. An interactive evolutionary metaheuristic for multiobjective combinatorial optimization[J]. Management Science, 2003, 49 (12): 1726-1738.

[12] 熊德琪, 殷佩海.多阶段系统多目标优化的模糊优选动态规划方法及应用[J].中国工程科学, 2000, 2 (9): 65-69.

[13] 李振华, 王浣尘.风险资本投资合作多阶段多目标决策分析[J].系统工程, 2002, 20 (6): 71-76.

[14] Saaty T L. The modern science of multicriteria decision making and its practical applications: the AHP/ANP approach[J]. Operations Research, 2013, 61 (5): 1101-1118.

[15] Zadeh L A. Fuzzy sets[J]. Information and Control, 1965, 8 (3): 338-356.

[16] 王毅, 雷英杰, 路艳丽.基于直觉模糊集的多属性模糊决策方法[J].系统工程与电子技术, 2007, 29 (12): 2060-2063.

[17] 张市芳, 刘三阳, 秦传东, 等.动态三角模糊多属性决策的 VIKOR 扩展方法[J].计算机集成制造系统, 2012, 18 (1): 186-191.

[18] 徐泽水，达庆利.区间型多属性决策的一种新方法[J].东南大学学报（自然科学版），2003，33（4）：498-501.

[19] Bryson N，Mobolurin A. An action learning evaluation procedure for multiple criteria decision making problems[J]. European Journal of Operational Research，1997，96（2）：379-386.

[20] 樊治平，张全.一种不确定性多属性决策模型的改进[J].系统工程理论实践，1999，19（12）：42-47.

[21] Xanthopulos Z，Melachrinoudis E，Solomon M M. Interactive multiobjective group decision making with interval parameters[J]. Management Science，2000，46（12）：1585-1601.

[22] 苏志欣，王理，夏国平.区间数动态多属性决策的 VIKOR 扩展方法[J].控制与决策，2010，25（6）：836-840，846.

[23] Mossin J. Optimal multiperiod portfolio policies[J]. Journal of Business，1968，41（2）：215-229.

[24] Browne S. Risk-constrained dynamic active portfolio management[J]. Management Science，2000，46（9）：1188-1199.

[25] Armbruster B，Delage E. Decision making under uncertainty when preference information is incomplete[J]. Management Science，2015，61（1）：111-128.

[26] Liu Y J，Zhang W G，Xu W J. Fuzzy multi-period portfolio selection optimization models using multiple criteria [J]. Automatica，2012，48（12）：3042-3053.

[27] Meier H，Christofides H，Salkin G. Capital budgeting under uncertainty—an integrated approach using contingent claims analysis and integer programming [J]. Operations Research，2001，49（2）：196-206.

[28] Wang S Y，Zhu S S. On fuzzy portfolio selection problems [J]. Fuzzy Optimization and Decision Making，2002，1（4）：361-377.

[29] Bao F，Zhu P P，Zhao P B. Portfolio selection problems based on fuzzy interval numbers under the minimax rules [J]. International Journal of Mathematical Analysis，2010，4（44）：2143-2166.

[30] Li D，Ng W L. Optimal dynamic portfolio selection：multi-period mean-variance formulation [J]. Mathematical Finance，2000，10（3）：387-406.

[31] 张鹏.多阶段 M-SV 投资组合优化的离散近似迭代法研究[J].经济数学，2008，25（3）：257-263.

[32] 张鹏，张忠桢，岳超源.限制必卖空的均值-半绝对偏差投资组合模型及其旋转算法研究[J].中国管理科学，2006，14（2）：7-11.

[33] 董增川.大系统优化理论及其在水资源系统规划和管理中的应用[J].河海科技进展，1991，11（4）：40-51.

[34] 王洪涛，刘玉田.电力系统恢复的主从递阶决策模型及其优化算法[J].中国电机工程学报，2007，27（1）：8-13.

[35] 冯利华.登陆台风的多层递阶预报[J].海洋预报，1999，16（1）：29-34.

[36] 王博，马跃先.月径流序列的多层递阶预报研究[J].系统工程理论与实践，1999，19（7）：131-135.

[37] 万百五.工业大系统优化与产品质量控制[M].北京：科学出版社，2003：312-322.

[38] Singh M G，Titli A. Systems：Decomposition，Optimisation，and Control[M].Oxford：Pergamon Press，1978.

[39] 钱富才，万百五.稳态大系统中关联平衡法的改进[J].系统工程理论与实践，1998，（8）：87-90.

[40] 钱富才，万百五.稳态大系统多目标优化的双环递阶算法[J].应用科学学报，1999，17（4）：479-484.

[41] 傅春生.大系统优化的动态规划递阶算法[J].南京工业大学学报（自然科学版），1989，11（4）：72-78.

[42] 乔斌，李玉榕，蒋静坪.粗糙集理论的分层递阶约简算法及其信息理论基础[J].控制理论与应用，2004，21（2）：195-199.

[43] 黄标，李旸.复杂网络的分层递阶算法研究[J].电脑知识与技术，2011，7（12）：2803-2804.

[44] 刘远，Hiple K W，方志耕，等.复杂产品供应链质量控制方案递阶决策模型[J].控制与决策，2012，27（11）：217-227.

[45] Nijkamp P，Delft A V. Multi-Criteria Analysis and Regional Decision-Making [M]. New York：Springer Verlag，1977.

# 第6章 非常规油气资源勘探开发投资决策优化方法应用研究

本章主要针对石油企业进行非常规油气资源勘探开发投资决策问题，运用本书中构建的非常规油气资源勘探开发投资决策优化模型和算法，完成该问题从复杂性分析→模型构建→模型求解的处理过程，开展对本书所构建模型和求解方法的可行性和有效性验证并在计算机中加以实现，同时根据算例分析结果给出非常规油气资源勘探开发投资决策建议。

## 6.1 鄂尔多斯盆地页岩油气投资决策优化问题

### 6.1.1 问题的提炼与描述

随着常规、易采和优质油气资源日渐减少，致密油气、煤层气、页岩气等非常规油气资源正在成为接替传统能源的现实选择。鄂尔多斯盆地是我国近十年来石油和天然气产量增长最快的盆地，目前已经成为我国第二大油气生产盆地和第一大天然气产区[1]。我国鄂尔多斯盆地、准噶尔盆地、松辽盆地、四川盆地及柴达木盆地均具丰富的致密油资源潜力，2013 年，超低渗透油藏原油年产量达到 800 万 t，占长庆油田原油总产量的 1/3；天然气产量达到 346.8 亿 $m^3$，其中苏里格气田生产天然气 212 亿 $m^3$，与上一年相比，增幅近 28%；全年油气当量产量达到 5195 万 t，一个新型"大庆油田"已在我国西部崛起。鄂尔多斯盆地非常规油气资源非常丰富，长 6 和长 7 油层组致密油分布广泛，初步预测资源量约为 30 亿 t，其中长 7 油层组页岩油资源量超过 10 亿 t，致密砂岩油资源量约为 9 亿 t，长 6 油层组致密砂岩油资源量约 11 亿 t，发展潜力很大，且致密油资源是某油田实现年产 5000 万 t 并长期稳产较为现实的石油接替资源。另外，鄂尔多斯盆地油页岩主要发育在长 7 油层组底部，呈西北-东南向展布，分布范围较广，东北可达延安—安塞以西，西北可延伸到马家滩，西南可延伸至镇原—泾川一带，东南可覆盖正宁—富县一带，有效分布面积约 10 万 $m^2$[2]。长 7 油层组油页岩富含有机质，有机地球化学分析资料表明，残余有机碳含量主要为 6%～20%，最高可达 30%～40%，平均总有机碳（total organic carbon，TOC）为 13.75%，已达生油高峰阶段[3]。

现某石油企业欲投资鄂尔多斯盆地的致密油或页岩油气项目，由于该石油企业隶属于某集团公司，该公司投资的运行机制是每年由集团公司根据勘探和开发情况统一为下属各油田企业拨付用于勘探开发的投资数额。因此，本算例中仅考虑每年年初，该石油企业根据从集团公司获取的投资数额进行页岩油气资源的勘探投资和开发投资的相关决策问题。该石油企业把待勘探和开发的非常规油气资源区域细分为若干个区块进行管理和控制，一旦勘探出具有商业流的油气井，就可立即展开开发工作。为了使开发页岩油区块有秩序且可持续发展，该油田提出未来五年的年储量接替率为 1～1.5 的勘探开发策略。由于该石油企业已经拥有开采页岩油气的相关技术，暂不考虑技术增值而只考虑另外两个目标的实现情况：一是未来五年净现值的最大化，二是最小化环境治理成本。接下来管理层需要面临的问题是如何最优化分配资源以实现上述两个目标，根据 4.3 节建立的模型已得出用于勘探的投资为 2 亿元，用于开发的投资为 5 亿元。

获取勘探投资规模 2 亿元之后，要在四个页岩油气区块进行勘探投资。根据前期勘察的地质资源属性，如页岩油气区域分布面积、页岩有效厚度、热成熟度和孔隙度等已初步估算出这些区块的页岩气资源量。但是，资源量的多少和其商业价值并不成正比，能否具有商业开发价值还应考虑更多的影响因素。由前述分析可知，石油企业要想实现商业化开采，还需要考虑其他八个重要因素，即埋藏深度、勘探开发面积、产气年递减率、稳产周期、环境保护支出、水资源消耗支出、基础道路建设投资、输气管网建设投资。现需要石油企业判断出哪个区块最具有商业化价值开采潜力，并生成勘探投资的序列决策方案供相关决策者参考。

开发投资决策可以和勘探投资决策同时进行，现有三个页岩油气区块进行开发投资，这些区块前五年的季度性开发区间收益率已获取。该企业在这些区块的勘探开发工作是持续不断进行的，随着勘探开发投入力度的加强，可以根据每年的最新数据和信息大致预测出下一年的页岩油气储量和产量规模及开发成本等，并依据油气价格变动、技术进步及环境要求等估测出下一年这三个页岩气区块的单位收益率，从而调整区块间的投资分配。为尽量避免不必要的损失，该企业规定如果开发损失极为严重的话，允许封井以待来年找到有利的开发时机。问：如何在区块间进行投资组合优化并进行资源分配以获取整个年度内投资收益的最大化和风险的最小化？

### 6.1.2　参数说明

令该石油企业四个可供勘探投资的页岩油气区块分别用 $A_1$、$A_2$、$A_3$ 和 $A_4$ 来表示，区块勘探投资决策时需考虑的九个关键因素分别表示为：$Q_1$ 页岩气资源估算量、$Q_2$ 埋藏深度、$Q_3$ 勘探开发面积、$Q_4$ 产气年递减率、$Q_5$ 稳产周期、$Q_6$ 环境保护支出、$Q_7$ 水资源消耗支出、$Q_8$ 基础道路建设投资、$Q_9$ 输气管网建设投资。为便于量化核算，基础道路建设投资用建设公里数表示、输气管网建设或连接线投资用区块与最近干网的距离表示、水资源消耗支出用所消耗的水资源量表示，具体数据如表 6.1 所示。

表 6.1 页岩油气可供勘探区块不同阶段的属性值

| 方案属性 | | $Q_1$/100亿m³ | $Q_2$/100m | $Q_3$/km² | $Q_4$/% | $Q_5$/年 | $Q_6$/100万元 | $Q_7$/100万m³ | $Q_8$/km | $Q_9$/km |
|---|---|---|---|---|---|---|---|---|---|---|
| 阶段1 | $A_1$ | [50, 55] | [15, 22] | [30, 45] | [25, 40] | [1, 4] | [10, 15] | [3, 6] | [90, 115] | [110, 120] |
| | $A_2$ | [58, 60] | [112, 18] | [25, 30] | [25, 35] | [2, 5] | [17, 20] | [3, 7] | [180, 185] | [220, 225] |
| | $A_3$ | [45, 52] | [10, 15] | [40, 60] | [20, 30] | [3, 5] | [16, 20] | [2, 6] | [140, 148] | [160, 170] |
| | $A_4$ | [56, 72] | [12, 15] | [50, 70] | [30, 45] | [2, 4] | [15, 20] | [4, 8] | [200, 210] | [240, 250] |
| 阶段2 | $A_1$ | [45, 50] | [22, 25] | [200, 230] | [2, 5] | [45, 60] | [33, 40] | [10, 11] | 0 | 0 |
| | $A_2$ | [57, 60] | [18, 22] | [300, 500] | [2, 4] | [50, 60] | [35, 40] | [20, 30] | 0 | 0 |
| | $A_3$ | [40, 46] | [15, 20] | [220, 280] | [1, 3] | [40, 50] | [50, 60] | [15, 18] | 0 | 0 |
| | $A_4$ | [55, 60] | [15, 25] | [500, 700] | [3, 5] | [50, 55] | [60, 65] | [25, 30] | 0 | 0 |
| 阶段3 | $A_1$ | [28, 32] | [25, 30] | [20, 30] | [30, 40] | [5, 10] | [40, 45] | [1, 3] | 0 | 0 |
| | $A_2$ | [20, 30] | [22, 28] | [10, 35] | [20, 50] | [6, 10] | [35, 40] | [2, 3] | 0 | 0 |
| | $A_3$ | [15, 18] | [20, 25] | [25, 30] | [20, 30] | [4, 8] | [25, 30] | [2, 4] | 0 | 0 |
| | $A_4$ | [20, 25] | [25, 35] | [35, 40] | [20, 50] | [6, 10] | [30, 40] | [3, 5] | 0 | 0 |

根据类似页岩油气的开采规律，可把区块的开采分为成长期、平稳期及衰退期三个阶段，基础道路建设投资和输气管网建设投资都是在第一阶段完成，并且专家已估测出三个阶段权重比例为

$$\lambda = (\lambda(1), \lambda(2), \lambda(3)) = ([0.45, 0.55], [0.35, 0.40], [0.10, 0.15])$$

为简化核算和便于比较分析，本书在此假设各阶段的同一属性的权重相同，已知属性权重为

$$w = (0.25, 0.15, 0.05, 0.15, 0.10, 0.05, 0.07, 0.08, 0.10)$$

利用权重系统对这些页岩油气区块进行排序，给出勘探投资序列方案，并判断哪个区块最具有商业价值开采潜力。

另外，根据以往该石油企业在此盆地进行页岩油气开采的实际情况，可知可供开发的三个页岩油气区块 $B_1$、$B_2$ 和 $B_3$ 分别在过去五年间的季度性开发区间收益率，具体数据如表 6.2 所示。

表 6.2　过去五年页岩油气区块开发的季度性区间收益率

| | 季度 1 | 季度 2 | 季度 3 | 季度 4 | 季度 5 | 季度 6 | 季度 7 |
|---|---|---|---|---|---|---|---|
| $B_1$ | [0.11, 0.15] | [0.15, 0.18] | [0.10, 0.20] | [0.25, 0.28] | [0.20, 0.21] | [0.16, 0.19] | [0.35, 0.37] |
| $B_2$ | [0.20, 0.24] | [0.35, 0.36] | [0.12, 0.14] | [−0.20, −0.08] | [−0.10, 0.05] | [0.25, 0.27] | [0.35, 0.36] |
| $B_3$ | [0.16, 0.19] | [0.25, 0.28] | [0.38, 0.40] | [−0.06, −0.01] | [0.05, 0.15] | [0.19, 0.21] | [0.35, 0.41] |
| | 季度 8 | 季度 9 | 季度 10 | 季度 11 | 季度 12 | 季度 13 | 季度 14 |
| $B_1$ | [0.18, 0.20] | [0.20, 0.25] | [0.20, 0.23] | [0.15, 0.18] | [0.22, 0.26] | [0.35, 0.36] | [−0.12, −0.05] |
| $B_2$ | [0.19, 0.23] | [0.40, 0.42] | [0.16, 0.18] | [0.32, 0.37] | [0.16, 0.17] | [0.18, 0.22] | [0.19, 0.21] |
| $B_3$ | [0.41, 0.44] | [0.33, 0.36] | [0.28, 0.31] | [0.17, 0.20] | [0.19, 0.26] | [0.18, 0.21] | [0.17, 0.28] |
| | 季度 15 | 季度 16 | 季度 17 | 季度 18 | 季度 19 | 季度 20 | |
| $B_1$ | [0.35, 0.37] | [0.26, 0.28] | [0.11, 0.16] | [0.31, 0.33] | [0.16, 0.17] | [0.19, 0.21] | |
| $B_2$ | [0.29, 0.30] | [0.33, 0.36] | [0.31, 0.34] | [−0.01, 0.01] | [0.18, 0.26] | [0.19, 0.23] | |
| $B_3$ | [0.28, 0.31] | [0.24, 0.25] | [0.22, 0.34] | [0.18, 0.26] | [−0.05, 0] | [−0.1, −0.05] | |

该石油企业接下来的开发投资决策任务则是如何在这三个页岩油气区块间进行 5 亿元的开发资源分配，从而使该石油企业能够获取整个年度内投资收益的最大化和风险的最小化。另外仍需要注意的是，投资方案的产生还严重依赖决策者的风险态度，不同的风险偏好将产生不同的投资决策方案，不同的投资决策方案产生不同的投资效果。因此，石油企业在进行开发投资决策时还必须充分考虑不同阶段呈现的风险偏好程度，这无疑增加了开发投资决策的难度和复杂程度。

## 6.2　勘探开发投资决策优化方法应用的模拟结果分析

### 6.2.1　页岩气勘探投资的特殊性及其决策过程复杂性分析

页岩气作为目前最现实的可替代能源，其勘探开发对于提升国家能源安全具有重要的战略意义，日益受到政府和企业的高度关注。2011 年，徐匡迪等 14 位油气领域的知名院士联名上书国务院，建议国家重视非常规油气资源的勘探开发，增强国家能源保障能力。随后，温家宝和李克强均做出重要批示，支持其勘探开发。Ratner 和 Tiemann[4]指出页岩气的成功开发已经改变了美国的能源地位和全球能源市场，Dale 等[5]和 Rigzone[6]也论证表明美国也因此而有望实现"能源独立"。我国的页岩气勘探开发尚处于初级阶段，因地质资源属性和形成条件与北美相差较大，无法复制其成功模式。因此，对于石油企业来说，页岩气开采风险极高，投资需极为谨慎，一旦决策失误，不但给企业本身带来巨额的经济损失，还会给当地造成短期内无法恢复的环境破坏，甚至影响我国整个页岩气的产业发展。因此，如何从不同的区块中优选出最具有商业开采价值的区块进行投资，从而明确勘探的方向和次序，是目前研究的热点和难点。页岩气区块开采是否具有商业价值意义，除了考虑区块本身蕴含的原始地质储量之外，还需要考虑其资源埋藏深度、不同阶段产气规律、水资源消耗支出、环境保护支出、道路建设和管道铺设等基础设施投资情况，而这些信息是随着勘探开发的深入而逐步获得的，无法在一开始就给出确切的数值。可见，如何根据不同时期所获取的信息，从有限的页岩气区块中选择最具有商业开发价值的区块进行投资，是一个典型的模糊动态多属性决策问题。

1）页岩气储量和产量的不确定性

储量和产量规模是页岩气区块是否值得选择的一个关键因素。然而，无论哪个区块，由于页岩气资源的连续性分布特征，其资源分布区域面积都非常大，多达数千平方公里，勘探工作不可能在整个区域进行，所获取的有关地质资源信息则不可能是一个确定的值，只能选择与其地质资源属性相似的或已经开发过的区块进行对比，采用资源类比等方法大致确定其资源分布面积。另外，在整个页岩气区块，如果资源分布连续不稳定，对其储量和产量的影响也很大，从而影响其投资规模；即使资源分布稳定，在这一区域面积中页岩的有效厚度、埋藏深度等也不可能是一个均匀的数值，而不同的有效厚度和埋藏深度会使探井和钻井数量不同，则投资金额不同。由上述可见，页岩气区块规模较大，仅有一小部分的实际储量被勘探过，这使页岩气区块蕴含的原始地质储量无法准确确定，则其经济和技术可采储量也具有很大的不确定性，使石油企业进行开采的风险程度增加，无法确信其到底是否值得投资，增加了投资决策的难度。

2）页岩气储量和其商业价值关系的复杂性

根据前述非常规油气勘探开发投资的复杂性分析可知，页岩气资源储量和其商业开发价值的关系并不一定成正比，其主要原因在于富含页岩气资源的区块多处于山地和丘陵地带，交通不便，基础设施落后，再加上缺乏基本的外输管线等，使得页岩气勘探开发基础设施方面的投资较为庞大，加大了页岩气开采的风险性和不确定性。另外，富含页岩气资源的区块中资源的埋藏深度、连续分布面积等会导致不同的开采成本，进而影响石油企业页岩气开发商业利益的实现。

3）页岩气开采的阶段性和动态不确定性

页岩气的开采处于一个多变的环境中，变幻莫测的油价和技术进步的带动等都会影响石油企业的商业化开采。同时，区块的详细信息和投资支出随着勘探开发的深入才能渐渐明朗。因此，投资决策方案不是一成不变的，应该根据最新信息来进行调整，否则极有可能会导致决策者过于保守，让石油企业错失投资页岩气的大好时机，也有可能预计过于乐观，从而导致投资失败。即便是综合上述因素，论证了页岩气勘探开发的商业价值，但是根据美国开采的情况来看，多年来许多气井已高度开发，长期开采的可持续性尚待探明，且支撑页岩气区块继续增产的技术强劲程度尚不明朗，使页岩气长期开采的可持续性方面带来很大的不确定性。

## 6.2.2　勘探投资的模型算法与结果分析

为建立勘探投资决策优化模型，现假设如下。

（1）页岩气是清洁能源且目前我国天然气价格较低，所以开采的页岩气不考虑销路问题。

（2）暂不考虑页岩气资源勘探开发的优惠、补贴及税收政策给整个投资决策带来的影响。

（3）不考虑重大技术突破、油价大幅波动及其他不可抗力带来的影响。

上述判断勘探区块商业价值程度的九个属性中，$Q_1$ 资源估算量和 $Q_5$ 稳产周期的值越大越好，属于效益型指标；而其他七个属性值则是越小越好，属于成本型指标。可根据式（4.10）对效益型指标和式（4.11）对成本型指标分别进行规范化处理，再根据不同阶段各属性的权重得出加权后的标准化矩阵，由此分别得出三个阶段各方案属性的正理想解 $\tilde{X}^+$ 和负理想解 $\tilde{X}^-$，如表 6.3 所示。

表 6.3　三阶段各方案属性的正理想解和负理想解

| 属性 | 正理想解 $\tilde{X}^+$ | | | 负理想解 $\tilde{X}^-$ | | |
|---|---|---|---|---|---|---|
| | $T_1$ | $T_2$ | $T_3$ | $T_1$ | $T_2$ | $T_3$ |
| $Q_1$ | [0.1204, 0.1714] | [0.1311, 0.1508] | [0.1306, 0.1881] | [0.0934, 0.1238] | [0.0920, 0.1156] | [0.0700, 0.1058] |
| $Q_2$ | [0.0405, 0.0844] | [0.0506, 0.0774] | [0.0486, 0.0866] | [0.0594, 0.1266] | [0.0633, 0.1135] | [0.0681, 0.1082] |
| $Q_3$ | [0.0117, 0.0219] | [0.0092, 0.0163] | [0.0102, 0.0236] | [0.0273, 0.0438] | [0.0279, 0.0407] | [0.0136, 0.0826] |
| $Q_4$ | [0.0404, 0.0906] | [0.0236, 0.0993] | [0.0323, 0.0993] | [0.0606, 0.1359] | [0.0394, 0.2979] | [0.0539, 0.1489] |
| $Q_5$ | [0.0707, 0.0552] | [0.0538, 0.0532] | [0.0564, 0.0524] | [0.0236, 0.0442] | [0.0431, 0.0443] | [0.0376, 0.0419] |
| $Q_6$ | [0.0169, 0.0269] | [0.0157, 0.0198] | [0.0172, 0.0234] | [0.0226, 0.0457] | [0.0254, 0.0361] | [0.0259, 0.0374] |
| $Q_7$ | [0.0120, 0.0578] | [0.0171, 0.0240] | [0.0110, 0.0409] | [0.0160, 0.1157] | [0.0467, 0.0601] | [0.0184, 0.1228] |
| $Q_8$ | [0.0251, 0.0304] | 0 | 0 | [0.0458, 0.0675] | 0 | 0 |
| $Q_9$ | [0.0316, 0.0352] | 0 | 0 | [0.0659, 0.0769] | 0 | 0 |

利用式（5.6）和式（5.7），得出三个阶段不同方案分别与正理想解和负理想解的欧氏距离，具体数据如表 6.4 所示。

表 6.4　三阶段各方案分别与正理想解和负理想解的欧氏距离

| 方案 | 与正理想解欧氏距离 $\tilde{d}_i(t)^+$ | | | 与负理想解欧氏距离 $\tilde{d}_i(t)^-$ | | |
|---|---|---|---|---|---|---|
| | $T_1$ | $T_2$ | $T_3$ | $T_1$ | $T_2$ | $T_3$ |
| $A_1$ | [0.0649, 0.0783] | [0.0459, 0.0725] | [0.0169, 0.0838] | [0.0279, 0.0642] | [0.0239, 0.1539] | [0.0644, 0.1082] |
| $A_2$ | [0.0323, 0.0496] | [0.0138, 0.0558] | [0.0400, 0.0838] | [0.0523, 0.0783] | [0.0537, 0.1580] | [0.0382, 0.0932] |
| $A_3$ | [0.0430, 0.0998] | [0.0487, 0.2068] | [0.0705, 0.1040] | [0.0540, 0.0429] | [0.0206, 0.0238] | [0.0046, 0.0789] |
| $A_4$ | [0.0305, 0.0241] | [0.0046, 0.0364] | [0.0374, 0.0672] | [0.0581, 0.1093] | [0.0551, 0.2070] | [0.0430, 0.1118] |

然后，根据式（5.8）计算出这三个阶段的四个方案分别与正理想解的相对贴近度 $\tilde{c}_i(t)$，如表 6.5 所示。

表 6.5　三阶段各方案分别与理想解的相对贴近度

| 方案 | 相对贴近度 $\tilde{c}_i(t)$ | | |
|---|---|---|---|
| | $T_1$ | $T_2$ | $T_3$ |
| $A_1$ | [0.3006, 0.4505] | [0.3424, 0.6798] | [0.7921, 0.5635] |
| $A_2$ | [0.6182, 0.6122] | [0.7956, 0.7390] | [0.4885, 0.5266] |
| $A_3$ | [0.5567, 0.3006] | [0.2973, 0.1032] | [0.0613, 0.4314] |
| $A_4$ | [0.1600, 0.8193] | [0.9229, 0.8505] | [0.5348, 0.6246] |

根据不同阶段所占的权重 $\lambda$，依据式（5.9），得出整个阶段各方案与正理想解的相对贴近度 $\tilde{C}$：

$$\tilde{C} = (\tilde{C}_1, \tilde{C}_2, \tilde{C}_3, \tilde{C}_4) = ([0.3115, 0.6385], [0.5830, 0.7372], [0.1775, 0.4898], [0.4231, 0.9135])$$

利用式（4.24），得出四个方案的可能度矩阵：

$$P = \begin{vmatrix} 0.5000 & 0.1153 & 0.7211 & 0.2635 \\ 0.8847 & 0.5000 & 1.0000 & 0.4873 \\ 0.2789 & 0.0000 & 0.5000 & 0.0831 \\ 0.7365 & 0.5127 & 0.9169 & 0.5000 \end{vmatrix}$$

利用式（4.25）得出各方案的排序：

$$\omega = (0.2167, 0.3227, 0.1552, 0.3055)$$

可知方案的优先顺序为

$$A_2 > A_4 > A_1 > A_3$$

由上述可知，$A_2$ 区块是最具有商业价值开采潜力的页岩油气区块，而原始资源储量同样丰富，和区块 $A_2$ 资源量基本相同的 $A_4$ 区块却不是优先选择的，主要原因在于此区块地处偏远，需要投入的连接线管网和基础道路建设投资较大。还有一个原因是区块 $A_4$ 在三个阶段中的勘探开发面积都比较大，使勘探成本也要高于区块 $A_2$ 的勘探成本，并且随着开发年限的延长，区块 $A_4$ 需要勘探开发的面积不断扩大且产气递减率加快，故投资价值低于区块 $A_2$ 的商业投资价值。对于 $A_1$ 区块而言，虽然其资源储量不如 $A_2$ 区块和 $A_4$ 区块丰富，但地理位置条件好，基础设施投资少且环境治理成本也比较低，另外，区块 $A_1$ 的勘探开发面积相对较小，其资源连续分布性比较好，这些因素都使其勘探开发的利润空间加大，但区块 $A_1$ 的稳产周期波动范围比较大，产油气的年递减率相对较快且资源埋藏较深等，这些都增添了负面的影响，使其商业价值不如区块 $A_2$ 和区块 $A_4$。对于区块 $A_3$ 而言，在四个区块中其原始地质资源储量最少，并且水资源消耗支出在勘探开发初期比区块 $A_2$ 和区块 $A_4$ 都要高，但是基础道路设施投资及离主干网的距离都比区块 $A_2$ 和区块 $A_4$ 要具有优势地位却远劣于区块 $A_1$，环境治理成本也比区块 $A_1$ 大得多，而有利的因素是资源的埋藏深度比其他三个区块都要浅，产油气递减速率相对较小，并且勘探开发初期的稳产周期较长等，这就意味着开采成本的降低和投资回收期的缩短，但最终无法抵消比例因素所带来的利润空间的减少，稳产期间对环境的破坏力度较大，故在这四个区块中最不具有投资价值。

需要注意的是，我国页岩油气勘探开发尚处于初级阶段，石油企业能否实现商业化开发直接影响着我国整个页岩油气产业的发展。页岩油气资源属性和产油气规律与常规天然石油和常规天然气不同，原有的常规天然油气区块优选模型不再具有适用性，且与北美页岩油气的形成条件差异较大，不能照搬其经验模式，使我国页岩油气勘探开发的风险极大。页岩油气区块优选是一个复杂的不确定条件下的动态多属性决策优化问题，本书利用多属性决策方法及动态优化决策方法对页岩油气区块优选问题进行了形式化描述，创新页岩油气区块优化决策方法，为尽早促使我国非常规油气资源大规模的商业化和产业化开发提供一种新的方法和途径，并深化不确定环境下的动态多属性决策问题研究。通过算例研究，表明了本书建立的勘探投资决策优化模型和方法的可行性和有效性，且便于在计算机上实现，可广泛用于解决其他非常规油气资源如油砂、致密气等的区块优选问题。

### 6.2.3　页岩气开发投资的特殊性及其决策过程复杂性分析

十八大报告中已把页岩气这一新的独立矿种作为重点勘探开发领域，以推动能源安全升级。美国也因为页岩气的成功开发，有望实现"能源独立"。页岩气是从储存于页岩层纳米级孔隙中开采出来的非常规天然气，地质资源属性及其开采方式特殊，再加上油价波动起伏，更加难以预测未来的收益和风险，其勘探开发投资决策过程充满了高度的不确定性。投资决策合理的话，能有助于尽快实现页岩气的商业化和产业化开发，进而完成企业常规与非常规油气资源的接续发展方向的转变，否则，就有可能把页岩气扼杀于萌芽中，进而影响我国整个页岩气的产业发展。因此，如何提升其投资决策的科学性、合理性和有效性是学术界和产业界面临的一大难题。非常规油气资源投资回报具有高度的不确定性，石油企业在进行非常规油气资源投资时往往都有预算限制，高层管理者的主要职责就是要根据获取的最新数据和信息及时调整投资预算金额和投资比例，筛选优化投资组合项目并进行资源的最优化配置，尽可能地分散和降低非常规油气资源勘探开发面临的非系统性风险。随着勘探开发的不断深入，不确定性信息逐渐明确，初始的开发投资计划也不能一成不变，投资组合决策方案应该能随着时间及外界变化而进行动态调整。因此，如何根据不同年度的油价和气价、产出、生产成本、技术进步及环境要求等因素，适时生成有效的勘探开发投资组合方案并进行科学合理的资金分配，成为制约页岩气开发实现商业化和产业化的关键问题，它属于多阶段投资组合的模糊优化问题。

1）多阶段决策过程

石油企业投资决策往往都是按年度进行的，其页岩气开发投资就是一个持续不断、贯穿多个阶段的动态调整决策过程。随着页岩气资源勘探开发力度的不断深入，石油企业会及时地调整对页岩气开发的投资预算金额，并根据不同区块展现的不同地质和开采特征进行资源分配，以获取较好的投资效果。每年年末，石油企业会根据上一年该盆地页岩气的整体开发情况及未来开采的经济性和可行性条件来调整页岩气的投资预算金额。每年年初，都需要根据当前所处的状态和获取的最新信息进行投资决策，调整不同区块间的投资比例，不同的决策方案会产生不同的投资效果，所选择区块的投资资金分配往往是影响本阶段投资效果的关键。可见，页岩气开发投资是一个典型的多阶段决策过程，其投资阶段是相互联系的，各个阶段决策的选择不是任意确定的，依赖于当前面临的状态，又要考虑未来的发展及影响，且该阶段的决策往往会影响下一阶段的决策，从而影响整个投资决策过程。

2）开发投资决策的高度不确定性

页岩气开发具有高度的不确定性，每一区块页岩气的收益和风险都会因资源属性、地质储量、开采条件、地理位置及环保支出不同而有所差别。由于页岩气资源埋藏于地下，现有的技术并不能完全捕捉气田储藏的复杂性，且构造的异质性使传统气藏特征探测技巧也不能充分发挥作用，不能充分掌握地下资源的孔隙度、开采成本、技术和经济开采量等，这种不确定性给投资效果所带来的挑战贯穿整个生命周期。再加上页岩气资源的连续性分布特征，其资源分布区域的地理面积都非常大，勘探不可能在整个区域进行，一般仅有一小部分的实际储量被勘探过，其他往往通过经验判断、体积法或类似法来估测页岩气的储量，这种方法虽然节约了勘探成本，但储量只是一个具有较大变化范围的估测值。另外，多数页岩气区块处于山区或丘陵地带，人员、开采工具和设备等运输极为不便，与输气主干网的页岩气连接线距离等也直接影响页岩气的商业化开采，况且，这些地区的环保要求一般较高，页岩气开采所使用的多阶段压裂技术等带来的环境破坏对页岩气项目的实际运作也带来很大的不确定性。

3）投资组合目标的双重性及收益和风险的模糊性

对于国有石油企业来说，资金实力较强且融资相对容易，因此，页岩气开发过程中追求的往往是一定风险水平下的投资收益最大化，而民营企业则不然，因为完全是自主经营，所以决策和经营都比较谨慎，追求的是期望收益一定条件下的风险最小化。实际上，无论是国有企业还是民营企业，终归都是商业化的公司，长期而言，仍然追求的是投资效益的最大化，同时风险则尽可能低。以往的油气资源勘探开发投资组合方案中，往往是假设投资收益服从正态分布，以投资组合收益的方差或标准差即实际收益低于或高于期望收益的离散程度来衡量风险，对于企业来说，把高于收益的部分作为风险看待并不合理。此外，大多数页岩气的投资收益也并不符合正态分布，通常是偏态分布或对数正态分布，且低收入的可能性大，高收入的可能性小[2]，以下半方差即低于预期收益的那部分损失来衡量风险更符合实际[3]。另外，由于页岩气开发的高度不确定性，其未来的收益和风险具有大的不确定性，页岩气开发投资产生的现金流和收益的概率分布往往无法准确预测，表现为很大的模糊不确定性，过去的或具有类似性质区块的收益率和风险只能作为未来收益率和风险的参考，专家估测出的页岩气不同投资组合的开发资金分配方案产生的相关数据往往不是一个确定的数值，而是一个大致的范围，这一范围可以用区间数来表示。

4）组合管理策略的灵活性

和常规天然气资源相比，页岩气开发周期较长，短则 20～30 年，长则 50～60 年，因此，页岩气的开发投资不可能是一次性投入，而是根据公司所拥有的资源、页岩气的开发前景、油气价格、预期收益和现金流等逐步调整投资预算金额，并不断地进行组合策略的修正，这种投资方式给石油企业优化投资效果提供了可能性。每年得出的最优策略虽然满足当年的最优化，但由最终得出的最优策略集合并不能获取整个投资过程的最优方案，是相对满意的决策方案，不过可满足组合管理策略的灵活性要求。

## 6.2.4 开发投资的模型算法与结果分析

为方便研究，假设如下。

（1）我国天然气价格还未实现完全市场化，随着天然气产业规模快速扩大，政府指导定价的难度也大幅增加，为便于页岩气开发投资问题的形式化，在此仅考虑气价足够高，如果策略和经营得当，能够实现页岩气的经济化开采。

（2）天然气属于清洁能源，在油气供需矛盾日益加剧情况下，在此假设开采出来的页岩气不考虑销路问题。

（3）页岩气开采技术一旦突破，直接会带来开发成本的大幅降低和产量的上升，但无法预测何时能有技术突破，问题研究只能是在现有技术和开采条件下进行。

（4）石油企业每年都要根据该区块的页岩气项目进展情况调整投资预算金额，开发投入不超过该预算金额。另外，与一般项目不同的是，页岩气井一旦产气，除非极为特殊的情况，每年都必须投资一定的数额保持其运转，也可以通过调整其投资金额进而调整其产量来实现对整个页岩气开采的统一调控，在此不考虑关井情况。

（5）我国目前对页岩气开采还未制定完善的优惠政策，在此不考虑税收优惠、放开出厂价格限制及补助等政策所带来的影响。

根据对 $B_1$、$B_2$ 和 $B_3$ 区块开发情况的追踪调查，可以获取这三个区块过去五年间的开发情况的季度性区间收益率，由此可以得出这三个区块基于区间数的半方差和下半方差的数值，具体如表 6.6 所示。需要说明的是，表中的半方差和下半方差的值越小越好，值越小说明与平均收益值的偏离程度越小。

表 6.6　半方差与下半方差值

| 区块 | 半方差下限 | 半方差上限 | 下半方差下限 | 下半方差上限 |
| --- | --- | --- | --- | --- |
| $B_1$ | 0.0111 | 0.0087 | 0.0064 | 0.0049 |
| $B_2$ | 0.0221 | 0.0159 | 0.0145 | 0.0098 |
| $B_3$ | 0.0189 | 0.0176 | 0.0114 | 0.0109 |

根据式（5.10）得出不同区块下半协方差矩阵的下界为

$$(\tilde{\Lambda})^{L} = \begin{bmatrix} 0.0064 & -0.0005 & 0.0006 \\ -0.0005 & 0.0145 & 0.0065 \\ 0.0006 & 0.0065 & 0.0114 \end{bmatrix}$$

根据式（5.10）得出不同区块下半协方差矩阵的上界为

$$(\tilde{\Lambda})^{U} = \begin{bmatrix} 0.0049 & -0.0005 & 0.0006 \\ -0.0005 & 0.0098 & 0.0038 \\ 0.0006 & 0.0038 & 0.0109 \end{bmatrix}$$

现企业决定下一年（第 1 年）投资 5 亿元进行页岩油气开发，据测算，三区块不同投资额产生的单位区间收益率如表 6.7 所示。

**表 6.7　三区块不同投资额产生的区间收益率**

| 投资额（亿元） | $B_1$ | $B_2$ | $B_3$ |
|---|---|---|---|
| 0 | [0.00, 0.00] | [0.00, 0.00] | [0.00, 0.00] |
| 1 | [0.11, 0.13] | [0.15, 0.16] | [0.14, 0.15] |
| 2 | [0.15, 0.16] | [0.18, 0.20] | [0.17, 0.19] |
| 3 | [0.16, 0.20] | [0.20, 0.21] | [0.20, 0.23] |
| 4 | [0.18, 0.19] | [0.19, 0.22] | [0.22, 0.25] |
| 5 | [0.18, 0.21] | [0.20, 0.22] | [0.18, 0.20] |

为简化核算，本算例仅考虑一年的决策（其他年度决策优化过程一样）。这是一个三阶段勘探开发投资组合决策优化问题，其公式化数学模型如下。

（1）阶段划分：设 $k$ 为阶段变量，将确定区块 $k$ 开发投资额的决策定为第 $k$ 阶段，$k=1,2,3$。

（2）各阶段状态：第 1 年状态变量用 $s_k(1)$ 表示，本例中状态变量的取值为各阶段初可供分配的页岩气开发投资额。

（3）各阶段的决策变量：第 1 年第 $k$ 阶段的决策变量用 $x_k(1)$ 表示，其值表示第 1 年对区块 $k$ 的开发投资额。

（4）允许决策集合 $X_k(1)$ 为

$$X_k(1) = (0,1,2,3,4,5) \bigcap \{0 \leqslant x_k(1) \leqslant s_k(1)\} \qquad (6.1)$$

（5）状态转移方程：

$$s_{k+1}(1) = s_k(1) - x_k(1) \qquad (6.2)$$

（6）阶段指标函数：设 $v(s_k(1), x_4(1)) = \rho(1)\tilde{\delta}(1) - (1-\rho(1))\tilde{H}(1)$ 为第 1 年的阶段指标函数，本例中其值表示第 1 年第 $k$ 阶段区块投资组合收益和风险的目标价值函数。

（7）递推关系：

$$f_k(s_k(1)) = \max_{x_k(1)} \{v(s_k(1), x_k(1)) + f_{k+1}^*(s_{k+1}(1))\} \qquad (6.3)$$

则第 1 年页岩气区块开发投资的决策模型如下：

$$
\begin{cases}
f_k(s_k(1)) = \max_{x_k(1)}\{v(s_k(1), x_k(1)) + f_{k+1}^*(s_{k+1}(1))\} \\
v(s_k(1), x_k(1)) = \rho(1)\tilde{\delta}(1) - (1-\rho(1))\tilde{H}(1) \\
\tilde{\delta}(1) = x(1) \times \tilde{\theta}(1) \\
\tilde{H}(1) = x(1) \times \tilde{\Lambda}(1)^- \times x(1)' \\
s_{k+1}(1) = s_k(1) - x_k(1) \\
f_4(s_4(1)) = 0 \\
X_k(1) = \{0,1,2,3,4,5\} \bigcap \{0 \le x_k(1) \le s_k(1)\} \\
k = 1,2,3
\end{cases}
\tag{6.4}
$$

根据上述算法，得出第 1 年最优分配方案如下：当 $\rho(t) = 1$ 时，投资策略为 $(x_1^*(t), x_2^*(t), x_3^*(t)) = (0,1,4)$，即区块 1 暂时封井，区块 2 投资 1 亿元，区块 3 投资 4 亿元；当 $\rho(t) = 1/2$ 时，投资策略为 $(0,4,1)$，即区块 1 暂时封井，区块 2 投资 4 亿元，区块 3 投资 1 亿元；当 $\rho(t) = 0$ 时，本例中正好和风险厌恶者的投资策略一样。

由上述可见，不同的投资组合方案会产生不同的投资效果，到底选择哪一种方案取决于石油企业对风险的态度。结果表明，不同的风险偏好者会选择不同的投资方案。对于追求高收益的风险极度偏好者而言，本算例中第 1 年的决策方案是区块 1 暂时封井，多投资区块 3，少投资区块 2；而对于风险极度厌恶者而言，第 1 年的投资方案则和风险极度偏好者有差别，虽然区块 1 也暂时封井，但是多投资区块 2 少投资区块 3，正好和风险极度偏好者相反；对于风险中性者而言，本算例中的决策方案正好和风险厌恶者重合。需要注意的是，石油企业的风险偏好系数并不是一成不变的，这和区块中页岩气井的储量发现、产气规律、环保要求及外部环境因素等密切相关，因此，不同时期企业可能会有着不同的风险偏好。一般而言，页岩气井初期产气量比较大，石油企业是风险偏好者，长时间的稳产周期中，投资者的态度一般是风险中性，而到开采后期，石油企业一般是风险厌恶型的，一般不愿再往里进行大幅度投资。

## 6.3　非常规油气资源勘探开发投资决策建议

长达 10 年的高油价时代催生了以"页岩革命"为代表的非常规油气资源开发热潮。然而，2014 年 6 月以来国际油价的持续下跌，令火热的页岩油气开发进入"寒冬"。页岩油气开采成本相对较高。平均而言，美国页岩油气企业需要油价在 65 美元/桶以上才能盈利；油价在 40 美元/桶以下时，不到 10% 的页岩油气企业还能盈利；如果油价维持在 60 美元/桶以下达两个季度，60%~70% 的企业将经营困难，不得不减产。此外，页岩油田具有高衰减性，需要持续资本支出，没有自有现金流，油田开发严重依赖外部融资。一般而言，一个页岩油气井打下去，压裂、出气或者出油，后续的每个月产量都减少，年衰减率达到 60%～70%，必须要再压裂一次，或者通过增加更多的井口才能维持产量，导致页岩油高资本开支[7]。虽然前面构建了非常规油气资源勘探开发投资决策优化模型并给出了相应的求解策略和方法，但是并不能保证给出的投资方案是最优的。因此，石油企业在做决策时可以把投资策略或方案作为决策参考的依据，实际在进行决策时还需要结合现场勘探开发实际情况及专家的知识经验等再最终做出决策。

1) 利用科学方法筛选商业价值好的区块进行投资

我国页岩油气资源能否实现商业化开发有着多重因素的影响，继美国、加拿大之后，中国于 2014 年成为全球第三个实现页岩气商业性开发的国家，不过自 2015 年以来，康菲石油公司、荷兰皇家壳牌集团等国际能源巨头先后退出中国页岩气的勘探开发合作，让中国页岩气勘探开采蒙上了一层阴影。通过本算例可知，原始地质储量丰富的非常规油气资源区块并不一定就具有较好的商业开发价值，这还取决于其资源埋藏深度、资源分布的连续性、基础道路投资及油气管网投资建设等一系列相关因素，因此，油田企业在进行实际勘探区块优选时，可利用本算例构建的模型和算法进行勘探投资决策，以尽可能地筛选出商业价值好的有利区块进行投资，尽快促使我国页岩油气的大规模产业化和商业化开发。

2) 适时地动态调整勘探开发投资决策方案

由于页岩油气勘探开发周期比较长，存在的不确定因素非常多。目前涪陵区块的页岩气开发虽已实现商业化，但在整个涪陵页岩气发现之前，中国石油化工集团公司（以下简称中石化）账面上已经投入了 25 亿元，再加上过去几代的勘探投入，可能不止 50 亿～70 亿元[8]。并且各地地质资源不一样，压一口井的成本自然也就不同，如此高的勘探风险使石油企业在进行勘探投资决策时不能以静态的观点，应考虑到投资策略的灵活性调整，不能在一开始就制定一个一成不变的投资方案，而是应依据不同年度所处的状态和最新信息重新评估投资水平，及时调整开发投资策略和投资组合优化方案，尽可能地降低页岩油气开发中的非系统性风险，以对这种固有的不确定性做出快速反应。

3) 决策者应拥有客观合理的风险态度和偏好

在对页岩油气区块进行规模开发前，通常选择"甜点区"进行先期开发，然后根据页岩油气井生产情况估算产能，从而为未开发区域布井提供产量预测。但页岩油气藏储层孔隙是纳米尺度，渗透率为纳达西级，非均质性极强，长水平井多段压裂对页岩储层的强烈改造等会导致同一个"甜点区"内，甚至是同一个井场内的页岩油气井单井产量都会有一定差异，不同区块之间差异更大，通常的做法是针对一个区块，或者某个划定区域范围给出一条产量递减曲线作为该区域或者划定区域范围内所有井期望产量的平均值[9]。并且，在进行页岩油气资源开发时，不同石油企业，即使是同一石油企业其决策者的风险偏好程度是不一样的，同一决策者在非常规油气资源不同开发阶段呈现的风险偏好程度也不同。在面临同样的非常规油气资源勘探开发投资决策问题时仍会产生不同的投资方案，不同的决策方案将会产生不同的投资效果，而投资效果的好坏直接影响着我国页岩油气能否实现大规模的产业化和商业化开发。因此，参与的相关决策者应具有丰富的知识和现场经验，拥有客观合理的风险态度，并能根据内外部环境条件变化，如油气价格、技术进步情况、现场勘探开发情况等及时调整投资策略方案，通过算例验证可知该模型是有效可行的投资决策工具。然而，由于非常规油气资源勘探开发投资决策问题是一个复杂且非结构化的决策优化问题，未来的研究应尝试运用动态模拟方法来模拟整个投资决策过程，以更好地应对内外部环境的变化。

4）创造良好的发展环境和制定合理的政策

在国家相关政策的鼓励下，我国非常规油气资源进入了快速发展时期，但是作为新兴的能源产业，非常规天然气的发展还面临着很多制约因素，开发政策方面也存在诸多的问题：非常规油气资源开发技术理论研究方面，国家并没有专门性的鼓励政策和投资，这不利于非常规油气资源开发的技术创新；资源管理方面，对探矿权和采矿权转让采取条件限制和审批管理，限制了矿权交易的市场化，提高了尚处于起步阶段的非常规油气资源开发市场的准入门槛，难以适应现今非常规油气资源开发市场化快速发展的要求；相关的补贴政策，力度依然不够，效果有限、针对性不强，并且明显滞后；法律层面上，尚未形成有效的法律支撑体系，相关的环境保护立法并不完善等。因此，非常规油气资源开发作为新兴的产业，发展尚未成熟，为了进一步推动该产业健康快速地发展，亟需创造良好的发展环境和制定合理的政策，从而为中国能源安全和环境保护做出更大的贡献[10]。

5）科学合理地利用和规划管网资源

受非常规油气资源空间分布的影响和制约，非常规油气资源产业化除产业链前端的勘探、开发技术风险外，在产业链中端和末端面临的问题主要集中在管网运输和销售网点布局上，也就是基础设施方面，管网的密度和可利用性是影响非常规油气资源产业化的关键。涪陵、威远、长宁（长宁—昭通）页岩气田无一例外地由于无管网或管网输送能力不足，只能暂缓投产或降低产能生产。北美页岩气成功开发的主要经验之一在于输气管网非常发达。中国页岩气资源富集区总体管网不足、建设难度大、成本高，将成为制约页岩气进一步发展的重要因素。目前，我国油气集输的主要管网由中国石油天然气集团公司（以下简称中石油）、中石化投资建设，这意味着在油气资源产业体系中的其他投资主体将面临如何将已开发出来的非常规油气资源集输到需求市场的问题。在现行的管网格局下，非常规油气资源开发主体必须在自建管网或依靠中石油、中石化既有管网两者之间做出抉择。然而，自建不仅意味着其投资的增加，而且难以专业化，且管网建设具有专用资产的属性，其投资收益与非常规油气资源的储量、可开采时间等因素密切相关，具有较高的投资风险性。选择依靠中石油、中石化既有的管网，有利于管网资源的充分利用和专业化，也可降低非常规油气资源投资主体的投资需求，缓解其资金压力，具有明显的社会福利效应[11]。

中国非常规油气资源丰富，在相关法规政策落实的前提下，非常规油气资源一定能成为常规油气资源的重要补充和替代[12]。常规与非常规油气在时、空域的紧密伴生和规律聚集，使常规-非常规油气在平面上和纵向上形成"有序聚集"体系，对"有序聚集"的不同类油气藏进行"整一化勘探、整一化部署、整一化开采"，实现常规-非常规油气整一化科学有序开发，避免整体油气资源的破坏和遗漏，从而丰富油气地质理论，促进油气勘探由"点-带-面"向综合有序三维空间迈进[13]。页岩气资源的产业化需要大量的资金投入，属于典型的资金密集型产业。从页岩气资源产业链结构分析，页岩气资源的勘探、开发、炼化、集输和销售网点的建设都需要大量的前期资金投入，采用什么样的方式去进行融资，以解决页岩气资源产业化的巨大资金需求是页岩气资源产业化必须面对的财务问题[14]。另外，我国的页岩气产业扶持政策基本是财政补贴，缺乏其他重要配套政策，如环境保护、地方协调、保护相关农户或居民利益等细化政策。页岩气的开发实际上是一个大的系统，涉及税收、土地、监管、环境保护等多个方面，需要整个政策系统的支持[15]。

# 6.4　本　章　小　结

本章根据某石油企业按照其集团公司下拨的勘探开发资金，要在鄂尔多斯盆地进行页岩油气勘探投资和开发投资决策这一问题，利用建立的非常规油气资源勘探投资决策的区间数动态多属性模型，求解得出该石油企业页岩油气勘探投资的方向和四个勘探区块的优先投资次序。同时，利用建立的非常规油气资源开发投资组合的多阶段决策优化模型及给出的融合不同阶段不同决策者风险偏好的多阶段决策问题解法，得出该企业在进行页岩油气区块开发投资时的策略方案，及时调整投资决策方案以寻求年度内区块投资效益最大化和风险最小化双重目标的实现，用以验证模型和算法的有效性和可行性。算例的研究结果表明，本书所构建模型的生成结果虽然不能提供非常规油气资源区块开发全生命周期内的最优化投资方案，却为石油企业在面临诸多不确定条件下非常规油气勘探和开发投资决策问题的建模与求解带来新的活力。建立的数学模型虽然复杂，但是可以在计算机上实现，使管理者在即使不懂数学模型的情况下，输入投资预算金额及不同区块的未来收益率判断，也可得出决策结果。另外，针对非常规油气资源特点及其勘探开发要求等，为石油企业进行非常规油气资源投资时提出决策建议，从而有助于石油企业进行勘探开发投资决策。

## 参 考 文 献

[1]　胡文瑞，翟光明. 鄂尔多斯盆地油气勘探开发的实践与可持续发展[J]. 中国工程科学，2010，12（5）：64-72.

[2]　杨华，李士祥，刘显阳. 鄂尔多斯盆地致密油、页岩油特征及资源潜力[J]. 石油学报，2013，（1）：1-11.

[3]　杨华，张文正. 论鄂尔多斯盆地长 7 段优质油源岩在低渗透油气成藏富集中的主导作用：地质地球化学特征[J]. 地球化学，2005，34（2）：147-154.

[4]　Ratner M，Tiemann M. An overview of unconventional oil and natural gas：resources and federal actions[R]. Congressional Research Service Report，USA，2014.

[5]　Dale M，Krumdieck S，Bodger P. Net energy yield from production of conventional oil[J]. Energy Policy，2011，39（11）：7095-7102.

[6]　Rigzone Staff. Analysis：U.S. shale gas could play large role in future production[EB/OL]. http：//www.rigzone.com/news/article.asp？a_id=95222[2010-06-28].

[7]　王源. 中国非常规油气开发路在何方[EB/OL]. http：//news.cnpc.com.cn/system/2015/03/03/001530548.shtml [2017-12-20].

[8]　李卓. 页岩气开采不确定性大　中石化账面 25 亿打水漂[EB/OL]. http：//energy.people.com.cn/n/2014/0425/c71661-24942136.html[2017-12-20].

[9]　白玉湖，徐兵祥，陈桂华，等. 不确定性页岩油气产量递减预测方法[J]. 天然气勘探与开发，2016，39（3）：45-48.

[10]　王希耘，董秀成，皮光林，等. 我国非常规油气资源开发政策研究[J]. 时代经贸，2013，（2）：68-69.

[11]　刘鸿渊，赵厚川，穆冬阳. 中国非常规油气资源产业化发展研究[J]. 石油科技论坛，2013，32（5）：1-5.

[12]　车长波，景东升. 中国非常规气资源政策思考[C]. 北京：中国油气论坛非常规油气勘探开发技术专题研讨会，2011.

[13]　康玉柱，周磊. 中国非常规油气的战略思考[J]. 地学前缘，2016，23（2）：1-7.

[14]　刘鸿渊，魏东. 国家能源战略视角下的页岩气资源产业化发展研究[J]. 经济体制改革，2014（1）：120-124.

[15]　吴清. 页岩气开发未达预期，能源巨头接连退出[EB/OL]. http：//money.163.com/16/1126/00/C6OO4IVJ 002580S6.html[2016-11-26].

# 第 7 章　页岩气勘探开发投资决策的仿真模型

就页岩气勘探开发投资决策的特殊性、复杂性和不确定性而言，如何让决策者在仿真环境下根据内外部环境变化动态调整投资决策方案，并"观察"不同方案产生的结果进而优化是解决问题的关键所在，而页岩气勘探开发投资决策问题既是不确定条件下的动态组合优化问题，又是 NP-hard 问题，这是此类问题的难点。现有的优化方法还不能很好地求解这一难题，需要仿真与优化方法的集成，并融合待优化问题领域的知识和经验，进而在提高求解效率和质量方面开展进一步探索。

## 7.1　页岩气仿真优化模型问题研究

### 7.1.1　页岩气资源潜力及其商业发展前景分析研究

随着威远、长宁、涪陵页岩气田的快速建产，2014 年中国页岩气产量跃升至 12.5 亿 $m^3$，2015 年产量已超过 40 亿 $m^3$，累计页岩气产量超过 60 亿 $m^3$，基本实现了页岩气规模生产，成为全球第三大页岩气生产国。全面开发非常规油气资源将带来全球性的能源革命[1]，页岩气确已改变了美国的能源地位和全球能源市场[2-4]。然而，由于页岩气勘探开发的复杂性和新兴性，目前研究主要集中在以下三方面。

（1）页岩气地质资源属性特征。页岩气资源虽仍属油气资源，成藏富集仍遵循基本的石油地质规律，且比常规油气资源更复杂。页岩气在成藏机理、赋存状态、地质属性和分布规律等方面与常规资源不同，具有密度高、渗透率低、流动性差、资源连续分布区域广且埋藏深浅不一等特点[5-9]，这使其勘探开发方式、开采技术要求及经济性等方面与常规资源都有所不同[10, 11]。

（2）页岩气资源潜力和战略作用。随着四川盆地涪陵、长宁（长宁—昭通）、威远等页岩气田五峰组—龙马溪组页岩气勘探开发的突破，不少石油企业或专家学者对中国页岩气前景充满了"过于乐观"情绪。根源在于没有充分认识到中国页岩气资源的特殊性、复杂性，简单地用北美页岩气概念认识中国页岩气，产生了"有页岩就有页岩气""有页岩气就能商业开发""常规技术就能开发页岩气"等误区。没有充分认识到北美地质特征与中国地质特征的差别，也没有充分认识到海相页岩气和海陆过渡相及陆相页岩气的差异[1]。目前国内对于页岩气还未形成统一评价体系，不同机构给出的结果虽和往年及美国测算的数据相差较大[12-14]，但都表明页岩气是最可行、最具有发展前景的石油替代资源[15-17]。然而，页岩气开发风险高，勘探开发过程中具有更多的复杂性和更大的不确定性[18-20]。

（3）页岩气的发展前景。美国页岩气大规模的商业化开发，使全球油气资源格局正在由传统的"常规油气为主"转为"常规和非常规油气并重"的局面，北美地区正在形成"非常规油气资源版图"[18]，中国有望成为除美国以外开发页岩气最成功的国家，进入常规和非常规油气资源并重的重大战略"突破期"[20, 21]，加强非常规油气资源的探索性研究和制定发展规划是关键内容之一[22, 23]。然而，中国页岩气地质、地表条件复杂，有效优质页岩气资源及"甜点区"落实程度低，勘探开发处在起步阶段，导致页岩气勘探开发成本高，完全实现经济开采还需一定时日。页岩气实现效益开发必须降低成本和提高产量，全面战略规划对于一个地区页岩气发展至关重要，既不要走一步算一步，也不要四处出击，不能因暂时性油价下跌就搁置开发计划，应按照既定战略规划来推进页岩气勘探开发[1]。

## 7.1.2　投资决策仿真和优化集成必要性分析

2016 年我国石油对外依存度高达 65.5%，且有关专家预测到 2020 年将超过 70%，严重威胁国家能源安全。康玉柱院士明确指出非常规油气必将成为我国油气资源开发的重要接替领域。十八大报告中也把页岩气这一新的独立矿种作为重点领域以推动能源安全升级。2014 年下半年以来，油价长期低迷且短期反弹乏力，油气行业处于低谷，美国页岩油气产量却并未按预期下跌，并且随着近期欧佩克减产协议的产生，美国页岩油气厂商回归市场。资源潜力丰富的页岩气作为近期发展最快的非常规天然气，实现全面开发将带来一场全球性的能源革命，美国就因页岩气的成功开发而有望实现"能源独立"并改变了全球能源格局。我国页岩气可采资源量为 15 万亿～25 万亿 $m^3$，发展潜力巨大。然而，我国页岩气勘探开发尚处于初级阶段，因地质资源属性和形成条件与北美相差较大，无法复制其成功模式，再加上投资大、见效慢、周期长等特点，要想使中国页岩气资源的开发利用形成产业化和规模化，翟光明等院士指出最为关键的问题之一就是过了出气关之后，如何实现其经济规模有效开发。

页岩气是从储存于纳米级孔隙中的储层中开采出来的非常规天然气，与常规天然气在勘探开发方式方法与开采模式等方面有着本质区别。和常规天然气相比，具有如下特点：①资源连续分布且范围广；②储量和其商业价值并不成正比；③勘探开发面临更大的复杂性和不确定性。连续性分布特征使资源分布面积多达数千平方公里，勘探不可能在整个区域进行，获取的勘探信息则不完全；另外，资源分布连续不稳定，即使稳定，页岩的有效厚度、埋藏深度等也不可能均匀，这对其储量和产量影响很大；即便得知储量丰富，政府或企业也不能盲目乐观并立即投资，因为资源富集区域多地处偏远且为丘陵、山地，交通运输不便，使特种车辆和设备、大型钻机等运输困难，同时离主干管网道路较远，并且外输管网投资庞大且不可回收。通过和相关企业的前期合作发现，上述问题的确是产业界面临的难题，再加上开采成本高（单井成本 8000 万元左右）及环境破坏力度大，使页岩气勘探开发具有高度复杂性和不确定性，一旦投资决策失误，不但会给企业带来不可估量的经济损失，甚至极有可能把页岩气产业扼杀于萌芽之中进而影响国家能源安全。因此，页岩气科学投资决策问题已逐步成为石油企业高层管理者的主要职责，勘探和开发是整个石油工业链条的"龙头"，其投资决策好坏与否已成为制约页岩气能否实现规模化和商业化开发最为关键的问题。

页岩气资源属性，开采方式特殊性及对油气价格、技术进步、环境要求和税收补贴政策等的严重依赖性，要求其投资方案能随着内外界变化进行动态调整。然而，在油价难以估测、生产成本难以衡量、技术进步的影响难以量化、环境保护要求日益严格等情况下，其勘探开发投资决策充满了高度的不确定性。目前业界在常规油气中普遍采用的基于人工经验和静态的处理方法已不能满足页岩气这种非常规资源投资方案的动态性、复杂性和不确定性，其决策方案的科学性和有效性亟待加强。学术界提出的许多投资决策模型和算法，由于模型的复杂性，管理人员很难理解，而过于简单则又不能反映投资决策的实际情况，数学模型理论上可行但实际应用较少。因此，如何提升其投资决策的科学性和实用性是学术界和产业界面临的一大难题。对于页岩气这种复杂程度高、投资巨大及不确定性比较高的投资来说，试图通过建立精确的数学模型进而得出整个勘探开发生命周期内的最优投资策略（最优亦不现实）是非常困难的，而决策人员又不可能在实施不同投资方案后再去比较其优劣，故计算机仿真模拟是解决这一问题的有效途径，而仿真运行只是提供一定条件下的可行投资方案，我们仍需要进行投资方案的优化和筛选，所以需要仿真和优化集成起来解决这一问题。

### 7.1.3　页岩气仿真优化模型和求解方法研究

关于仿真优化模型和求解方法，国内外学者进行了大量的研究，研究成果主要体现在三个方面。

1. 常规油气勘探开发决策仿真模型及其求解方法

关于仿真模型在石油勘探开发决策领域的应用，主要有系统动力学、蒙特卡洛和人工神经网络方法。系统动力学在石油行业的应用源于 Choucri 等[24]，他开发了"动态的计算机仿真模型"，用来分析埃及石油行业长期动态行为，Davidsen 等[25]对先前模型进行了扩展，把勘探开发投资、石油发现生产及可替代资源等结合起来研究美国石油资源的生命周期。此方法是假设行为系统是由非线性反馈关系主导的，各种变量之间有着高度的内在联系，因此不少学者开始应用此方法辅助国家能源机构[26]、油田企业[27, 28]、油气工业部门[29, 30]等提供政策分析和制定的依据。为模拟分析油气储量分布，蒙特卡洛法被用来确定不同储量区间的产量分布规律及估测某一区块的油气资源量等[31, 32]，比使用历史数据外推法和指数递减法要好很多[33, 34]，它们进一步假设油气发现是随机的，发现概率和油气规模成正比[35]。除此之外，诸克军等[36]利用人工神经网络对石油勘探进行综合评价，并通过智能体建模方法模拟由价格变化引起的城市天然气管网需求与运营的动态变化过程[37]。

### 2. 仿真建模和形式化方法

关于仿真建模方法研究主要是在现实系统的复杂性及其本身的随机性或者目标函数难以求解析解的情况下，建立在原始问题简化基础上的数学建模与求解有其局限性，计算机仿真模型不仅能够更完整地再现原始问题，而且能够模拟原始问题中存在的各种不确定性和随机性事件的发生，因此已被成功地引入类似复杂问题求解中[38]。离散事件仿真在复杂系统分析和设计中正得到越来越广泛的应用[39]，而仿真建模是一项十分复杂且难以掌握的工作。冯惠军和冯允成[40]重点讨论了基于系统理论的形式化系统描述和离散事件仿真的数学形式理论。刘兴堂[41]指出仿真建模就是非形式化模型或数学模型变换成仿真计算机系统能够识别和运行的仿真模型，仿真建模方法有基于 Agent 建模法[42, 43]、基于 Petri 网络法[44]、CAS 建模法[45]、基于面向对象技术建模法[46]及定性推理建模法[47]等。总体上讲，这些仿真建模方法都在复杂系统仿真中发挥着作用，可构造虚拟现实仿真环境以更好地实验或辅助决策[48]。

### 3. 仿真优化模型和算法

然而仿真模型仅是对问题的直观描述，仿真运行只能提供一定条件下的可行方案，并不能给出问题的最优解，所以需要将优化技术嵌入仿真过程[49]。基于仿真的优化方法是指非枚举地从可能值中找到最佳输入变量值，使输出结果为最优解或满意解的过程[50]。目前，仿真优化方法已在车辆路径问题[51-53]、港口资源配置[54, 55]、复杂制造系统的设计与优化[56-58]、作战指挥决策[59-61]、供应链与物流系统[62-65]及其他社会经济管理系统[66-69]中得到较为广泛的应用且取得较好效果。目前国内外在该领域的相关研究主要集中在仿真优化算法方面,不少学者对仿真优化算法进行了综述[70, 71],可归纳为基于梯度的方法(有限差分法、似然比法、摄动分析法、频域实验法)、随机优化方法〔样本路径法、RM(Robbins-Monro)法、KW(Keifer-Wolfowitz)法〕、响应曲面法、启发式方法(模拟退火、进化计算、禁忌搜索、巢分区和单纯形方法)和统计方法(重点抽样方法、排序和选择、最佳值多重比较法)等,以及根据这些方法提出的混合算法[71-75]。尽管目前仿真优化已有许多算法和软件,如何简化仿真模型、加快仿真速度和提高优化效率与质量等难点问题还没有根本解决,应把仿真与优化集成在一个框架内进行研究[76]。胡祥培等[77]通过基于矩阵变换的方法使仿真和优化得以较好地融合,潘燕春等[78]针对车间作业排序问题的复杂性和目标函数难以解析求解等特点,也建立了一个优化与仿真的集成系统框架,为仿真与优化的融合奠定了很好的基础。

## 7.2　基于 Simulink 的页岩气开发投资决策仿真模型

### 7.2.1　Simulink 的仿真建模优势分析

作为 Matlab 的重要组成部分,Simulink 为动态系统、随机系统和离散系统的建模仿真提供了便利条件。在整个过程中,甚至不需要任何代码,只需要借助于鼠标对相关图形进行操作,便可以迅速建立复杂系统的基本模型。无论哪种类型的系统,均可以使用 Simulink 进行仿真的构建。由于其具有结构清晰、流程明确的特点,加之良好的集成效果,Simulink 在各个领域具有广泛的应用前景和空间,它具有如下优势特点。

(1)建模环境的交互式、图形化。Simulink 建模环境具有交互式和图形化的特点,丰富的模块库为建立动态随机仿真模型提供了便利。只需要借助于鼠标将不同的系统模块图形连接起来,便可以迅速建立复杂系统的基本模型。

(2)仿真环境的交互式。Simulink 框图使仿真环境具有交互式特点,可以通过下拉菜单或命令执行来运行仿真。前者对于交互式工作更方便快捷,后者的使用主要针对大型的仿真。

(3)模块库专用化。开发公司研制了以 DSP Blockset 和 Communication Blockset 为代表的专用功能块程序包,以辅助 Simulink 建模系统对仿真结果的分析。这样便极大地扩展了 Simulink 的使用范围和领域,除了满足使用者建模、仿真与分析的需求外,还可以生成系统模型的代码,并实现代码的转移和应用。

## 7.2.2　页岩气开发投资决策 Simulink 仿真模型

### 1. 开发投资决策的随机性

石油企业拟对某地区页岩气试验区块进行开发投资，经前期勘探可知，该页岩气富集区储量丰富且能实现连续产气。在页岩气开发过程中，可用投资资源是有限的，既要考虑页岩气单井产量，又要控制环境影响，实现企业收益的最大化。经过多方论证，每个页岩气区块的有效厚度、有机质丰度、孔隙度等地质指标各不相同，再加上受到气田产量、市场价格等随机因素的影响，投资决策问题十分复杂。因此，对于石油企业来说，如何根据前期获得的地质资料、环境评估等关键数据信息，在环境承载力范围内，构建页岩气开发投资决策仿真模型，科学有效地确定区块投资顺序，明确实现气田收益的可行投资时机和最佳投资时机，确保企业有利可图，是页岩气开发亟待解决的问题[79, 80]。

与常规油气相比，页岩气在开发技术和研究方式等方面有所差异，但也有符合自身科学发展规律的基本程序。从有限资源分配到约束条件分析再到投资收益确定，直至采气生产，页岩气开发的每一部分内容都有其特定的目标和主要任务，以及是否继续进行的时间决策点。结合相关专家的研究，将页岩气开发过程划分为资源分配、约束分析、投资收益、采气生产四个阶段[81, 82]，具体如图 7.1 所示。

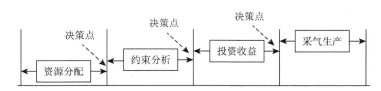

图 7.1　页岩气开发投资阶段过程

1）资源分配

页岩气开发的前期工作就是对待开发区块进行资源分配，这些资源既包括人力、物力，也包括资金、设备等。在资源分配阶段，其关键任务是确定各个潜力区块的投资分配比例，其中，各个区块的有机质含量、孔隙度及有效厚度等地质指标是确定投资分配比例的重要因素。该阶段的主要目的就是通过地质指标分析确定区块的资源分配，但由于受到市场价格和气田产量等随机因素的影响，资源分配得多，并不意味着开发次序在前，不能决定区块的开发次序。该阶段工作完成的质量高低将直接影响后续工作的成败。

2）约束分析

基于资源分配阶段确定的各个区块的投资比例，本阶段的主要任务是对目标区块进行深度分析，以确定影响进一步开发的约束条件有哪些，在满足约束条件的前提下，确保开发储层质量和完井质量，对气田产气能力和资源规模做进一步验证，明确投资行为可以活动的范围，以确保开发工作能否进入下一阶段。

3）投资收益

通过资源分配和约束分析，基本确定了页岩气开发投资过程的活动边界，页岩气商业化开发投资巨大，稍有不慎就会功亏一篑。因此，有必要先进行试验投资，根据区块产气情况、市场价格、单井产量等因素，判断全面开发在经济上是否可行，并确保开发符合安全性和环保要求。

4）采气生产

根据投资试验阶段的结果，对页岩气区块进行科学有序的开发，并根据市场价格、单井产量等情况，不断调整投资决策的方案，在提高产气率和扩大采收效益的同时，对投资结构进行优化，实现气田收益的最大化。

在页岩气开发投资决策过程中，最重要的是要准确判断投资收益、及时预测产量变化、把握市场趋势。

另外，一般来说，技术进步也难以估测，具有很大的随机性和不确定性。页岩气开采过程中，钻井、水力压裂、采气等每一个环节都有众多的工艺，一旦对某一个或几个环节实现了优化，不仅会节约开采成本，还有利于大大提高页岩气产量。这种技术进步同样无法预测，随时可能发生，成为影响页岩气开发投资决策典型因素。因此，由于气田单井产量、技术进步等随机因素的存在，我们难以有效、准确地掌握上述信息，大大增加了投资决策的复杂性[80]，必须对投资决策方案实施动态调整[82, 83]。

2. 开发投资决策仿真建模分析

作为典型的非常规油气资源，页岩气在成藏机理和开采方式方面与常规油气资源存在明显差异，指标的选取既要考虑页岩气区块的地质属性，也要对其经济价值进行考量[84-86]。因此，本书将所涉及的指标按照地质变量、收益变量和环境变量进行分类。

1）地质变量

美国在页岩气开发活动中，积累了丰富的实践经验和理论成果，将有机质含量、孔隙度、渗透率等指标作为优选条件。本书根据相关研究成果，并参考国土资源部油气资源战略研究中心《页岩气资源潜力评价方法与有利区优选标准操作手册》（2011 年）及《中国石化页岩油气资源评价及选区专项技术方案》，筛选出对页岩气开发影响至关重要的地质指标。

有机质含量：作为影响烃源岩评价的重要指标，有机质含量直接影响产气率和开采效率，是评价页岩气开发的重要指标之一[87-90]。一方面，有机质含量的多少直接影响着页岩气中的吸附气量，并最终影响页岩气藏采气率的高低；另一方面，有机质中大量的微孔隙结构对气体具有较强的吸附能力，因此有机质丰度值的大小与甲烷的吸附量呈正相关关系，直接影响开采效率[91]。

有效厚度：短距离运移是页岩气的特性，储层越厚，越容易富集。若想拥有足够的气源和储集空间，页岩储层必须达到一定的厚度。一般来说，页岩的生烃能力和封盖能力与富含有机质的页岩厚度密切相关，厚度越大，能力越强，页岩气藏的富集程度越高[92, 93]。

孔隙度：作为页岩气储层研究中的重要参数，孔隙度扮演重要角色。页岩气主要的储集空间就是孔隙，其大小控制着游离态页岩气的含量。孔隙度的大小对页岩气总含量有重要影响，两者呈正相关关系，孔隙度越小，储气能力越弱，反之则强。

2）收益变量

气田单井产量：在页岩气开采过程中，页岩气在储层中的流动机理与常规天然气有所差异，因此，其单井产量变化与常规天然气不同。页岩气田单井产量在投产的初期呈现产量高、下降快的特点，后期下降速度趋缓，但产量相对稳定。气田单井产量的随机性和不稳定性大大增加了页岩气开发投资决策的难度。

市场价格：近年来，油气行业市场价格持续低迷，使全球石油能源企业进入寒冬季节，市场价格对石油企业影响的重要性不言而喻。在政治、军事等诸多因素的影响下，无论从长期还是短期看，能源市场价格虽有一定的随机性，但也不是没有规律可循。因此，在模型中考虑产品的市场价格既是必要的也是可行的。

投资额：投资额是影响收益的重要因素，分析页岩气开发投资额至关重要。投资额决定了区块开发的资金可用区间，也是企业进行资金分配的重要基础。我国页岩气地质条件复杂，开发难度大，投资仍居高不下。据统计，页岩气田单井综合投资 6500 万～8500 万元，但目前成果并不显著，未来经济效益需要进一步评估[94-98]。

3）环境变量

固定环保投资：根据发生对象的差异性，环境成本主要包括环境保护投资、环境治理投资及环境建设投资。在本书中，固定环保投资和可变环保投资是环境投资的重要组成部分[99, 100]。固定环保投资是指在页岩气开发之前，对各个方案进行的环境评估所投入的费用，包括人工费用、咨询费用等各种支出。

可变环保投资：关于可变环保投资的计算方法，主要有恢复费用法、影子定价法、市场价值法、机会成本法、全额法、差额法及比例法等。上述计算方法在测算环境成本方面发挥了重要作用，起到了良好的效果，本书将恢复费用法与机会成本法结合使用，综合衡量环境损失[101]。

根据页岩气开发投资决策的实际情况，页岩气开发投资决策仿真建模流程如图 7.2 所示。

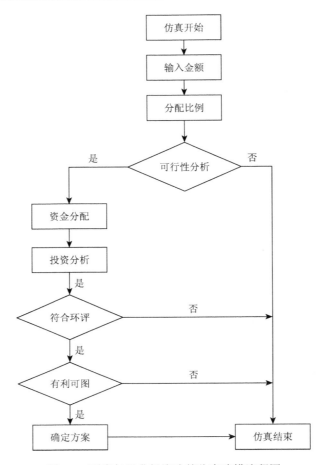

图 7.2 页岩气开发投资决策仿真建模流程图

页岩气开发投资决策首先是选择有开发潜力的区块作为重点考察对象，然后确定各个区块开发的有利程度和分配比例，判断分配方案是否具有可行性。基于可行性分析得出的结论，对各个区块完成投资金额的初始分配，随后再确定整个页岩气开发区块的收益，并确保开发在环境承载力以内，实现石油企业的有利可图，并确定最佳投资时机[102, 103]。

### 3. 仿真系统边界及仿真目标

1）仿真系统边界的界定

作为一个复杂的系统工程，页岩气开发投资决策涉及诸多变量和随机因素，有必要对仿真边界进行明确。仿真边界的确定必须以能解答所要研究的问题为原则。本书的重点是根据市场价格和页岩气潜力区块的地质指标，在确保不超出投资总额和环境承载力的条件下，对页岩气开发区块的投资顺序和投资时机进行研究。因此，根据图 7.2 "页岩气开发投资决策仿真建模流程图"，通过考察和研究，仿真从数据获取开始到生成投资决策方案结束。页岩气开发投资决策仿真系统边界如图 7.3 所示。

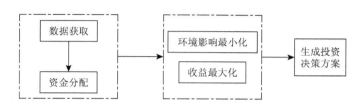

图 7.3　页岩气开发投资决策仿真系统边界

2）仿真目标

任何模拟仿真系统，必须以仿真目标为核心，相关变量的设置和仿真流程必须紧紧围绕仿真目标进行。正是由于仿真目标不同，才有了不同的仿真内容和要求。本书的仿真目标有以下两个。

一是对油气价格、气田单井产量等随机因素进行仿真，模拟随机因素对投资决策的影响情况。

二是在仿真系统中设定收益函数，在不超出投资额的前提下，实现环境影响最小化和收益的最大化，并确定投资决策的可行时机和最佳时机。

3）模型简化

页岩气开发投资决策实体系统十分复杂，无法对其实现完全复制，因此，对仿真模型进行简化处理是十分有必要的。这样既有利于控制建模和运行的工作量，也有利于减少误差的干扰，有效保障仿真结果的准确性。

本书对页岩气开发投资决策实际系统的简化如下[102, 103]。

一是在实际工作中，页岩气区块勘探阶段搜集到的数据类型复杂且数据量庞大，为了便于分析和仿真，本书中析取最为关键的三个指标：有机质含量、有效厚度、孔隙度。在环境污染评估中，以目前市场的现行平均价格计算替代资源的损耗。

二是在仿真模型中，油气价格服从几何布朗运动，气田单井产量递减系数近似服从泊松分布。

### 4. 开发投资决策的 Simulink 模型

页岩气开发投资决策过程中，各个参数的符号表达如表 7.1 所示。

表 7.1　页岩气开发投资参数符号表达

| 序号 | 指标名称 | 代表符号 | 单位 |
|---|---|---|---|
| 1 | 有机质含量 | $Y$ | % |
| 2 | 有效厚度 | $B$ | m |
| 3 | 孔隙度 | $C$ | % |
| 4 | 气田单井产量 | $O$ | $m^3$ |
| 5 | 油气价格 | $P$ | 元 |
| 6 | 总投资额 | $T$ | 元 |
| 7 | 总收益额 | $W$ | 元 |
| 8 | 环境总成本 | $E$ | 元 |
| 9 | 固定环境成本 | $F$ | 元 |
| 10 | 恢复环境成本 | $G$ | 元 |
| 11 | 机会环境成本 | $H$ | 元 |
| 12 | 页岩气田井控数 | $M$ | 个 |
| 13 | 区块页岩气产量 | $J$ | $m^3$ |
| 14 | 单井控制成本 | $K$ | 元 |

页岩气开发投资决策仿真建模分为以下几部分。

1）输入设置

在页岩气开发投资决策过程中，总投资额和油气价格需要根据实际情况进行手动输入。因此，在本书中，为了使系统更加接近于实际情形，页岩气开发投资决策的输入主要包括两部分内容，分别是总投资额的输入和油气价格的输入。输入界面如图 7.4 所示。

图 7.4　输入参数界面

图 7.4 为输入类别的设置区域,可以根据投资决策的实际需求,设置输入内容,输入设置如图 7.5 所示。

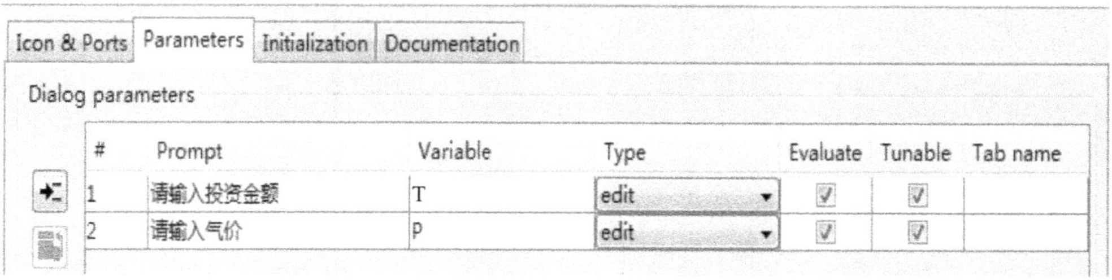

| # | Prompt | Variable | Type | Evaluate | Tunable | Tab name |
|---|--------|----------|------|----------|---------|----------|
| 1 | 请输入投资金额 | T | edit ▼ | ✓ | ✓ | |
| 2 | 请输入气价 | P | edit ▼ | ✓ | ✓ | |

图 7.5　输入设置

通过构建 Simulink 框图,完成投资金额分配阶段的仿真模型,具体建模步骤如下。

建立区块权重输入模型,如图 7.6 所示。

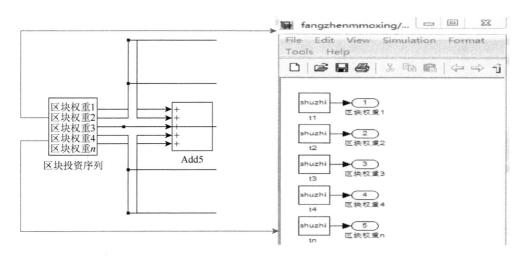

图 7.6　区块开发投资权重分配

根据投资权重,确定投资比例,进而完成对初始投资资金的分配。第一阶段仿真模型如图 7.7 所示。

构建 Simulink 仿真框图,建立以环境影响最小化为约束条件的仿真模型[104, 105]。该部分模型如图 7.8 所示。

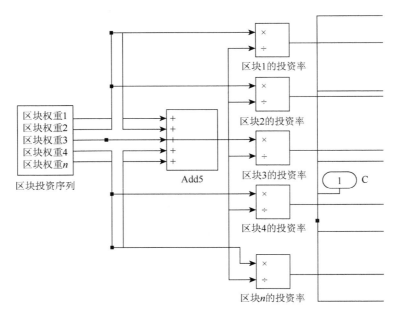

图 7.7　开发投资分配阶段仿真模型

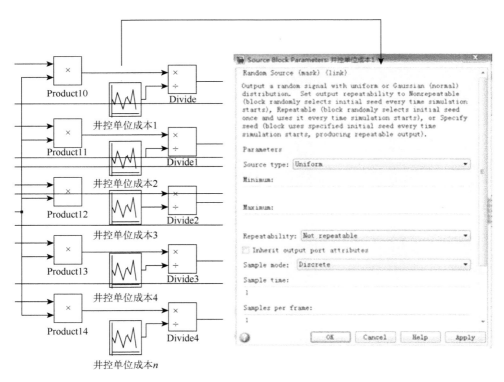

图 7.8　环境控制阶段页岩气投资决策仿真

2）输出设置

在整个投资收益阶段，涉及的相关指标主要有：气田单井产量、油气价格、页岩气田井控数（与区块投资额、单井控制成本有关）。其中，气田单井产量与油气价格是随机因素。由于气田单井产量随机性很大，气田总产量与页岩气田井控数密切相关。相关学者对美国伊格尔福特、费耶特维尔、海恩斯维尔、马塞勒斯和伍德福德等地页岩气气田的单井产量进行分析。前期页岩气开发一旦获得工业流，单井产量非常高，然而，气田单井产量主要受递减率的影响，后期递减率非常高，而后才能逐步稳产，呈现出先增后降的变化趋势[122]。因此，在进行投资收益仿真之前，必须建立气田单井产量和油气价格等随机因素的仿真模型。Simulink提供了很多常见分布，借助于 Simulink 模块数据库可以构建仿真框图，具体如图 7.9 所示[106, 107]。

为了便于观察总收益额、市场价格、气田单井产量之间的关系，在输出设置中，特别将上述三个变量的仿真变化输出到 Scope 中。因此，输出设置如图 7.10 所示。

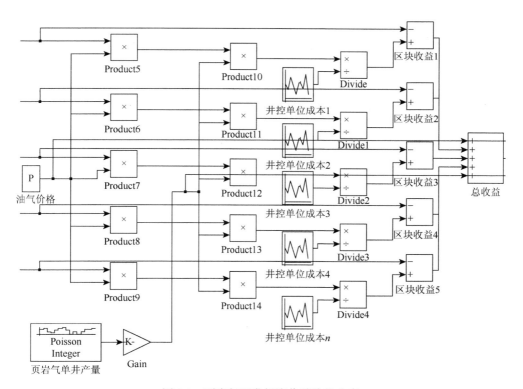

图 7.9　页岩气开发投资收益阶段仿真

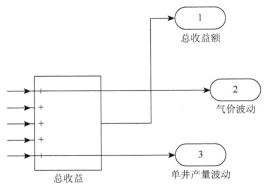

图 7.10　输出设置

# 7.3　页岩气开发投资决策方案生成

## 7.3.1　Simulink 的仿真建模优势分析

页岩气开发投资决策仿真模型构建完成以后，投资者可以根据需要选择输出的内容和数据，进而帮助投资者做出决策。在 Simulink 中，仿真结果要借助于系统输出模块产生和查看[107-109]。Simulink 展示图如图 7.11 所示。

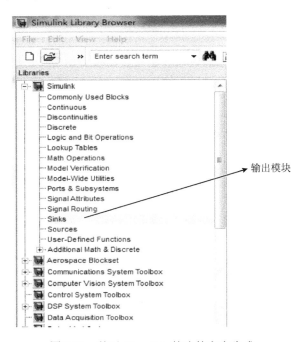

图 7.11　基于 Simulink 的决策方案生成

如图 7.11 所示，点击 Sinks 即可看到相关输出类型。本书重点描述相关因素之间的关系，选择输出类型为 Scope。由于各个区块的投资额、环境控制因素、页岩气田单井控制成本及页岩气田井控数的差异，在不同的市场价格和气田产量下，每个区块的投资收益也不相同，有些区块有利可图，有些区块则暂时没有开发价值[110]。

根据各个区块的投资收益情况，制作页岩气开发投资决策参照表（表 7.2）。

表 7.2　页岩气开发投资决策参照表

| 区块 | 油气价格 | 单井产量 | 收益 | 是否可行 |
|---|---|---|---|---|
| | $[p_1, p_2)$ | $[J_1, J_2)$ | +/– | 是/否 |
| $N_1$ | $\vdots$ | $\vdots$ | +/– | 是/否 |
| | $[p_i, p_j)$ | $[J_i, J_j)$ | +/– | 是/否 |
| | $[p_1, p_2)$ | $[J_1, J_2)$ | +/– | 是/否 |
| $N_2$ | $\vdots$ | $\vdots$ | $\vdots$ | $\vdots$ |
| | $[p_i, p_j)$ | $[J_i, J_j)$ | +/– | 是/否 |
| $\vdots$ | $\vdots$ | $\vdots$ | $\vdots$ | $\vdots$ |
| $N_x$ | $[p_i, p_j)$ | $[J_i, J_j)$ | +/– | 是/否 |
| $\vdots$ | $\vdots$ | $\vdots$ | $\vdots$ | $\vdots$ |
| $N_n$ | $[p_i, p_j)$ | $[J_i, J_j)$ | +/– | 是/否 |
| | $[p_1, p_2)$ | $[J_i, J_j)$ | +/– | 是/否 |
| $\sum\limits_{x=1}^{n} N_x$ | $\vdots$ | $\vdots$ | $\vdots$ | $\vdots$ |
| | $[p_i, p_j)$ | $[J_i, J_j)$ | +/– | 是/否 |

由表 7.2 可知，每个页岩气区块取得正收益时，即可确定市场价格范围内的页岩气田单井产量范围，为油气企业提供准确的投资决策时间区间，并在某个油气价格和单井产量范围内，确定可以开发的区块和总收益。

## 7.3.2　页岩气开发投资决策仿真模型的验证

对仿真模型进行验证，是保证模型准确性和有效性的重要途径[111]。本书选取某气田作为模型验证的对象，对该气田 2014 年收益情况和仿真结果进行对比，两者的对比结果如图 7.12 所示。通过分析可以发现，10 月份以前气田收益的实际变化趋势和仿真模拟趋势基本相同，误差存在于具体的收益取值。10～12 月份的仿真误差较大，原因在于 2014 年 10 月以后，WTI 国际油价暴跌，仿真模型无法对这种突发性情况做出准确的描述。在不考虑外界突发情况的影响下，平均误差为 2.81%。因此，仿真结果与实际结果基本相似，仿真模型具有一定的有效性。

　　页岩气作为最现实的可替代能源，其开发对于维护我国战略能源安全，实现国民经济的可持续发展具有重大意义。在环保要求日益严苛、技术进步难以量化的条件下，页岩气开发投资决策过程十分复杂。加之气田单井产量、市场价格等随机因素的存在，投资决策的参考数据也处于动态变化中，投资企业需要及时调整投资策略以确保投资方案的科学性和准确性。目前，仅仅依靠数学模型难以准确描述随机因素对投资决策的影响，因此，本书采用 Simulink 仿真的方法对其进行模拟。

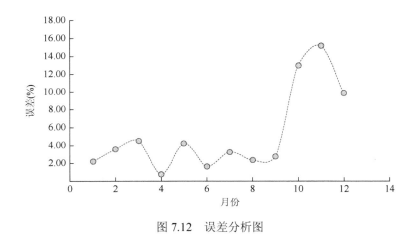

图 7.12　误差分析图

# 7.4　本章小结

　　鉴于页岩气勘探开发投资决策问题建模与求解的复杂性，采用定量分析方法，虽然可以借助于项目组人员建立相应的数学模型，但该模型用目前的精确算法很难甚至无法得出解析解；采用定性方法，即采用人工经验由决策者拍板决定，决策速度很快，但得出的方案往往不是最优的（几乎都是非最优解）或满意的，也缺乏科学性和有效性，影响页岩气资源的商业化和产业化开发。因此，本书把以数学为基础的运筹学、以模拟实际过程的计算机仿真系统，以及以知识规则为基础的人工智能技术进行交叉与融合，使之得以优势互补，并构建基于人工智能和智能优化算法的求解机制和方法，为页岩气勘探开发投资问题的建模与求解带来新的活力。虽然利用仿真平台软件和智能优化算法可以生成投资方案，但是模型及人机界面仍较复杂，不方便管理者使用，因此可采用人工智能标记语言（artificial intelligence markup language，AIML）对专家经验进行知识表示并将其作为控制策略引入智能优化算法中，借助于 MATLAB 的工具包（方便求解模块调用和集成）进行求解，最终采用 Visual Studio、C++等建立系统应用界面，开发出符合管理者使用要求的人机系统动态，可视化地展现投资方案。

# 参 考 文 献

[1] 董大忠，王玉满，李新景，等. 中国页岩气勘探开发新突破及发展前景思考[J]. 天然气工业，2016，36（1）：19-32.

[2] Ratner M，Tiemann M. An overview of unconventional oil and natural gas：resources and federal actions [R]. 2014.

[3] Hajiashrafi T，Kharat A N，Dauth A，et al. Net energy yield from production of conventional oil[J]. Energy Policy，2011，39（11）：7095-7102.

[4] Rigzone Staff. Analysis：U. S. shale gas could play large role in future production[EB/OL]. http：//www.rigzone.com/news/article.asp? a_id=95222. [2010-06-28].

[5] 贾承造. 论非常规油气对经典石油天然气地质学理论的突破及意义[J]. 石油勘探与开发，2017（1）：1-2.

[6] 张金川，姜生玲，唐玄，等. 我国页岩气富集类型及资源特点[J]. 天然气工业，2009，29（12）：109-114.

[7] 邹才能，董大忠，王玉满，等. 中国页岩气特征、挑战及前景[J]. 石油勘探与开发，2015，42（6）.

[8] 牛露，朱如凯，王莉森，等. 华北地区北部中-上元古界泥页岩储层特征及页岩气资源潜力[J]. 石油学报，2015（6）：664-672.

[9] 曾少军，杨来，曾凯超. 中国页岩气开发现状、问题及对策[J]. 中国人口·资源与环境，2013，23（3）：33-38.

[10] 李建忠，董大忠，陈更生，等. 中国页岩气资源前景与战略地位[J]. 天然气工业，2009，29（5）：11-16.

[11] Kaufmann R K，Shiers L D. Alternatives to conventional crude oil：when，how quickly，and market driven？ [J]. Ecological Economics，2008，67（3）：405-411.

[12] 王红军，马锋，童晓光，等. 全球非常规油气资源评价[J]. 石油勘探与开发，2016，43（6）：850-862.

[13] 李玉喜，张金川. 我国非常规油气资源类型和潜力[J]. 国际石油经济，2011，（3）：61-68.

[14] 郭秋麟，周长迁，陈宁生，等. 非常规油气资源评价方法研究[J]. 岩性油气藏，2011，23（4）：12-19.

[15] 严陆光，陈俊武. 我国中远期石油补充与替代能源发展战略研究[J]. 电工电能新技术，2006，25（4）：1-14.

[16] de Castro C，Miguel L J，Mediavilla M. The role of non-conventional oil in the attenuation of peak oil [J]. Energy Policy，2009，37（5）：1825-1833.

[17] 张大伟. 中国非常规油气资源及页岩气未来发展趋势[J]. 国土资源情报，2016（11）：3-7.

[18] Paredes D，Komarek T，Loveridge S. Income and employment effects of shale gas extraction windfalls：evidence from the Marcellus region[J]. Energy Economics，2015，47：112-120.

[19] Mason C F，Muehlenbachs L A，Olmstead S M. The economics of shale gas development[J]. Annual Review of Resource Economics，2015，7（1）：269-289.

[20] Sun J F，Ding Q L，Wang X M，et al. An investment decision-making model of unconventional oil exploration and development [J]. ICIC Express Letter，2013，7（1）：131-137.

[21] 邹才能，翟光明，张光亚，等. 全球常规-非常规油气形成分布、资源潜力及趋势预测[J]. 石油勘探与开发，2015，42（1）：13-25.

[22] 王树斌，郭菊娥，夏兵. 多目标情景下中国非常规油气开发技术学习率的估计——基于学习曲线理论[J]. 北京理工大学学报（社会科学版），2016，18（3）：1-12.

[23] 黄鑫，董秀成，肖春跃，等. 非常规油气勘探开发现状及发展前景[J]. 天然气与石油，2012，30（6）：38-41.

[24] Choucri N，Heye C，Lynch M. Analyzing oil production in developing countries：a case study of Egypt[J]. The Energy Journal，1990，11（3）：91-115.

[25] Davidsen P I，Sterman J D，Richardson G P. A petroleum life cycle model for the United States with endogenous technology，exploration，recovery，and demand[J]. System Dynamics Review，1990，6（1）：66-93.

[26] Naill R F. A system dynamics model for national energy policy planning[J]. System Dynamics Review，1992，8（1）：1-19.

[27] Tang X，Zhang B S，Höök M，et al. Forecast of oil reserves and production in Daqing oilfield of China[J]. Energy，2010，35（7）：3097-3102.

[28] 安贵鑫，张在旭，张晓慧. 基于 SD 的我国油气资源-社会经济系统协调发展政策仿真[J]. 科技管理研究，2010，29（17）：231-237.

[29] Kiani B，Pourfakhraei M A. A system dynamic model for production and consumption policy in Iran oil and gas sector[J]. Energy Policy，2010，38（12）：7764-7774.

[30] Ge F L，Fan Y. A system dynamics model of coordinated development of central and provincial economy and oil enterprises[J]. Energy Policy，2013，60（6）：41-51.

[31] 徐耀宗. 蒙特卡罗法在石油资源量估算中的应用[J]. 石油勘探与开发，1987，14（2）：24，34-39.

[32] Finch J H，Macmillan F E，Simpson G S. On the diffusion of probabilistic investment appraisal and decision-making procedures in the UK's upstream oil and gas industry[J]. Research Policy，2002，31（6）：969-988.

[33] Power M，Fuller J D. A comparison of models for forecasting the discovery of hydrocarbon deposits[J]. Journal of Forecasting，1992，11（3）：183-193.

[34] Murtha J A. Monte Carlo simulation：its status and future[J]. Journal of Petroleum Technology，1997，49（4）：361-373.

[35] Bick B，Kraft H，Munk C. Solving constrained consumption-investment problems by simulation of artificial market strategies[J]. Management Science，2013，59（2）：485-503.

[36] 诸克军，杨久西，匡益军. 基于人工神经网络的石油勘探有利性综合评价[J]. 系统工程理论与实践，2002，22（4）：131-135.

[37] 诸克军，龚承柱，李兰兰. 天然气工业用户峰谷分时定价 Multi-Agent 仿真[J]. 系统管理学报，2014（3）：423-429.

[38] Li Q. Integration of dynamic vehicle routing and microscopic traffic simulation[C]. Proceedings of the 7th International IEEE Conference on Intelligent Transportation Systems，2004：1023-1027.

[39] Andradóttir S. A method for discrete stochastic optimization[J]. Management Science，1995，41（1）：1946-1961.

[40] 冯惠军，冯允成. 仿真建模与形式化[J]. 系统工程理论与实践，1995，（6）：22-28.

[41] 刘兴堂. 现代系统建模与仿真技术[M]. 西安：西北工业大学出版社，2011.

[42] 杨敏，熊则见. 模型验证——基于主体建模的方法论问题[J]. 系统工程理论与实践，2013，33（6）：1458-1470.

[43] 赵怀慈，黄莎白. 基于 Agent 的复杂系统智能仿真建模方法的研究[J]. 系统仿真学报，2003，15（7）：910-913.

[44] 王红卫，何勇，费奇. 基于 Petri 网的模型管理[J]. 管理科学学报，1995（1）：1-7.

[45] 张涛，孙林岩，孙海虹，等. 供应链的系统运作模式分析与建模——基于复杂自适应系统范式的研究[J]. 系统工程理论与实践，2003，23（11）：8-13.

[46] 冯惠军，冯允成. 一个面向对象的仿真建模框架[J]. 系统工程理论与实践，1999，19（5）：61-66.

[47] 黄梯云，梁昌勇，杨善林. 集成定性推理的 IDSS 结构模型研究[J]. 管理科学学报，2000，（4）：84-89.

[48] 杨湘龙，冯允成，刘臣勇. 虚拟现实仿真下的序贯决策优化研究[J]. 系统工程与电子技术，2001，23（10）：88-92.

[49]　李东，汪定伟. 基于仿真的优化方法综述[J]. 控制工程，2008，（6）：672-677.

[50]　杨湘龙，王飞，冯允成. 仿真优化理论与方法综述[J]. 计算机仿真，2000，17（5）：1-5.

[51]　李永先，胡祥培，熊英. 物流配送系统中车辆路径问题仿真优化及其进展[J]. 管理科学，2006，19（4）：2-9.

[52]　孙中悦. 车辆路径问题的仿真优化方法研究[D]. 北京：北京交通大学，2011.

[53]　步立新，冯允成，罗文钰. 仿真环境下随机性 VRP 的序贯优化策略研究[J]. 系统仿真学报，2009，21（14）：4220-4223.

[54]　金淳，邓玲丽，高鹏. 集装箱港口作业资源配置的分布式仿真优化方法[J]. 系统管理学报，2011，20（3）：363-369.

[55]　曾庆成，张倩. 集装箱泊位分配干扰管理仿真优化模型与算法[J]. 中国科技论文，2009，4（10）：742-746.

[56]　李锋，魏莹. 短生命周期产品运营的系统动力学仿真优化[J]. 系统管理学报，2012，21（5）：642-648.

[57]　Zhang Y，Puterman M L，Nelson M，et al. A simulation optimization approach for long-term care capacity planning[J]. Operations Research，2012，60（2）：249-261.

[58]　李洪波，徐哲，于静. 基于 DSM 的研发项目流程多目标仿真优化[J]. 系统工程理论与实践，2015，（1）：142-149.

[59]　许永平，石福丽，杨峰，等. 基于 QFD 与作战仿真的舰艇装备需求分析方法[J]. 系统工程理论与实践，2010，30（1）：167-172.

[60]　柏彦奇，龚传信. 系统抽象思维与联邦式作战仿真概念模型[J]. 系统工程理论与实践，2001，21（1）：103-108.

[61]　马亚龙，冯军星，董珊珊. 坦克分队作战指挥决策仿真方法研究[J]. 系统仿真学报，2013，（S1）：244-248.

[62]　王迎军，高峻峻. 供应链分销系统优化及仿真[J]. 管理科学学报，2002，（5）：79-84.

[63]　张翠华，黄小原. 供应链问题的集成化模型及其优化仿真[J]. 系统管理学报，2002，11（1）：41-4.

[64]　王超，穆东. 基于 SD 的制造企业物流运作成本仿真与优化[J]. 系统工程理论与实践，2012,32（6）：1241-1250.

[65]　鞠彦兵，甘仞初，赵玉明. 供应链系统仿真模型及优化[J]. 工业工程，2006，（1）：85-89.

[66]　杜少甫，梁樑，张靖江，等. 考虑产品变质的 VMI 混合补货发货策略及优化仿真[J]. 中国管理科学，2007，15（2）：64-69.

[67]　孙庆文，张志艳，栾晓慧. 衰退期产品赊销动态决策优化模型及仿真[J]. 管理学报，2014，11（3）：402-407.

[68]　Zhang X，Meiser D，Liu Y，et al. Kroger uses simulation-optimization to improve pharmacy inventory management[J]. Interfaces，2014，44（1）：70-84.

[69]　王正元，宋建社，何志德，等. 一种备件多级库存系统的仿真优化模型[J]. 系统仿真学报，2007，19（5）：1003-1006.

[70]　Consiglio A，Zenios S A. Designing portfolios of financial products via integrated simulation and optimization models[J]. Operations Research，1999，47（2）：195-208.

[71]　何立琴，魏守水，李勇建. 离散事件动态系统仿真优化方法综述[J]. 山东大学学报（工学版），2003，33（3）：314-319.

[72]　黄健柏，黄飞. 基于概率仿真优化方法的网络分销系统[J]. 统计与决策，2010（9）：171-173.

[73]　陈英武，邢立宁，沈雪石，等. 基于正交遗传算法和灵敏度分析的体系仿真优化方法[J]. 系统工程理论与实践，2007，27（9）：97-106.

[74]　刘志硕，申金升，关伟. 车辆路径问题的混合蚁群算法设计与实现[J]. 管理科学学报，2007，10（3）：15-22.

[75]　颜兆林，任培，邢立宁. 求解仿真优化问题的知识型启发式搜索方法[J]. 计算机仿真，2007，24（12）：170-173.

[76]　Otamendi F J，Doncel L M. Towards an auction-driven gas supply：a simulation-based optimization framework for utilities[J]. Journal of the Operational Research Society，2012，63（9）：1189-1198.

[77]　胡祥培，李永先，郭建文. 基于矩阵变换的车辆路径问题仿真优化方法[J]. 管理科学学报，2008，11（4）：67-75.

[78]　潘燕春，周泓，冯允成. 基于 Arena 的车间作业排序问题建模方法及其仿真优化系统设计[J]. 计算机集成制造系统，2006，12（3）：389-394.

[79]　沈祥东，丁丹红，吴嗣跃，等. 复杂气田工程建设项目投资控制对策——以西南油气田川东北气矿建设项目为例[J]. 天然气技术与经济，2013（3）：74-76.

[80]　戴家权，王勇，冯恩民. 油气资源勘探与开发的不确定性分析及最优策略[J]. 系统工程理论与实践，2004，24（1）：35-40.

[81]　徐建永，武爱俊. 页岩气发展现状及勘探前景[J]. 特种油气藏，2010，4（2）：1-8.

[82]　温真桃. 丁山地区页岩气规模开发的约束条件及措施[J]. 天然气技术与经济，2016，10（6）：1-4.

[83]　李庆辉，陈勉. 工程因素对页岩气产量的影响：以北美 Haynesville 页岩气藏为例[J]. 天然气工业，2012，32（4）：1-7.

[84]　刘洪林，王红岩，刘人和，等. 非常规油气资源发展现状及关键问题[J]. 天然气工业，2009，29（9）：113-116.

[85]　Dollg Z，Holditch S A，McVay D A. 页岩气藏资源评价——页岩气资源评价和经济开采可行性预测中存在的不确定性一直是页岩气开发的一个难点，需要用概率方法解决[J]. 世界石油工业，2015（2）：58-65.

[86]　林腊梅，张金川，唐玄，等. 中国陆相页岩气的形成条件[J]. 天然气工业，2013，33（1）：35-40.

[87]　闫存章，黄玉珍，葛春梅. 页岩气成藏控制因素及中国南方页岩气发育有利区预测[J]. 石油学报，2009，30（4）：484-491.

[88]　王世谦. 中国页岩气勘探评价若干问题评述[J]. 天然气工业，2013，33（12）：13-29.

[89]　李树刚，安朝峰，林海飞，等. 多因素影响下煤层吸附甲烷特性试验研究[J]. 煤炭科学技术，2014，42（6）：40-44.

[90]　张鸿翔. 页岩气：全球油气资源开发的新亮点[J]. 战略与决策研究，2010，25（4）：406-410.

[91]　Jarvie D M，Hill R J，Ruble T E. Unconventional shale-gas systems：the Mississippian Barnett Shale of north-central Texas as one model for thermogenic shale-gas assessment [ J]. AAPG Balletin，2007，91（4）：475-499.

[92]　钟雨师，叶志瑾，陈光海，等. 油气田产能建设投资与单井日产量最优经济评价研究[J]. 中外能源，2009，14（4）：52-56.

[93]　李武广，杨胜来，王珍珍，等. 基于模糊优化分析法的页岩气开发选区模型[J]. 煤炭学报，2013，38（2）：264-270.

[94]　何培，冯连勇，Wilber T. 马塞勒斯页岩气藏单井产量递减规律及可采储量预测[J]. 新疆石油地质，2015，36（2）：249-252.

[95]　田磊，刘小丽，杨光，等. 美国页岩气开发环境风险控制措施及其启示[J]. 天然气工业，2013，33（5）：115-119.

[96]　邱中建，邓松涛. 中国非常规天然气的战略地位[J]. 天然气工业，2012，32（1）：1-5.

[97]　刘翔. 我国页岩气开发的财税政策研究[D]. 青岛：中国石油大学（华东），2014：14-25.

[98]　王道富. 中国页岩气资源勘探开发挑战初论[J]. 天然气工业，2013，33（1）：8-17.

[99]　徐梦龙. 页岩气行业发展环境风险及对策[J]. 环境保护，2014，2（1）：62-63.

[100]　路保平. 中国石化页岩气工程技术进步及展望[J]. 石油钻探技术，2013，41，（5）：1-8.

[101]　董普，贾冬冬. 我国页岩气开发环境保护及评价指标体系研究[J]. 中国人口·资源与环境，2013，23（5）：71-73.

[102]　殷诚，高世葵，董大忠，等. 页岩气产业发展的影响因素[J]. 天然气工业，2015，35（4）：117-124.

[103]　涂乙，邹海燕，孟海平，等. 页岩气评价标准与储层分类[J]. 石油与天然气地质，2014，35（1）：153-158.

[104]　向博，高丙坤. 非连续系统的 Simulink 仿真方法研究[J]. 系统仿真学报，2006，18（6）：1750-1762.

[105]　高道祥，薛定宇. 基于 MATLAB/Simulink 机器人鲁棒自适应控制系统仿真研究[J]. 系统仿真学报，2006，18（7）：2022-2025.

[106]　李可柏，陈森发. 城市水供需离散系统投资的控制与仿真[J]. 系统仿真学报，2010，22（7）：1746-1751.

[107]　郭训华，邵世煌. Simulink 建模与仿真系统设计方法及应用[J]. 计算机工程，2005，31（22）：127-130.

[108]　王莉娜，杨宗军. SIMULINK 中 PMSM 模型的改进及在参数辨识中的应用[J]. 电机与控制学报，2012，16（7）：77-82.

[109]　牛天林，樊波，张强，等. MATLAB/Simulink 仿真在电力电子技术教学中应用[J]. 实验室研究与探索，2015，34（2）：84-87.

[110]　杨雷. Web 环境下的 Simulink 仿真系统研究与开发[D]. 大连：大连理工大学，2010：20-33.

[111]　高文华，韩乐. 基于随机微分方程 Simulink 仿真的数学实验设计[J]. 高师理科学刊，2015，35（10）：63-65.

# 第8章 非常规油气资源开发的生态预警系统研究

本章结合我国非常规油气资源产业发展的实际情况，设计非常规油气资源开发的生态预警指标体系并构建生态预警模型，同时开发生态预警系统，保障非常规油气资源开发与生态环境保护的协调发展，促进非常规油气资源的规模化和产业化开发。

## 8.1 非常规油气资源开发生态环境研究

非常规油气资源的开发对生态环境影响很大，加拿大因大规模的油砂开采而使当地生态环境遭到严重破坏，对其商业化发展进程产生十分不利的影响，我国生态环境安全同样面临源于非常规油气资源开发的巨大威胁。能源的获取不能以牺牲环境为代价，如何保障非常规油气资源开发与生态环境保护的协调发展，是我国非常规油气资源可持续发展必须解决的难题。有效降低生态环境破坏程度并保障生态系统安全已成为全球非常规油气资源开发的焦点。然而，非常规油气资源开发引起的环境破坏问题表现形式很多，如何确定非常规油气资源开发的生态环境关键影响因素并及时发出预警信息是生态预警需要解决的一个难题。另外，受非常规油气资源开发特点及复杂性的影响，其生态预警具有高度的不确定性，如何选用科学合理的方法构建预警模型并根据开发过程的发展真实反映生态环境风险程度并及时发出警报信息，同样是保障非常规油气资源开发的生态环境安全的关键问题。

因此，有必要在借鉴各国非常规油气资源开发与环境保护经验及教训的基础上，结合非常规油气资源产业发展的实际情况，设计非常规油气资源开发的生态预警指标体系并构建生态预警模型，并用不同年度数据对模型进行检验，实现统计预警与模型预警的结合，克服传统统计模型只适应大数列的不足，同时开发非常规油气资源开发的生态预警系统，保障非常规油气资源开发与生态环境保护的协调发展，促进我国非常规油气资源的规模化和产业化开发。

### 8.1.1 非常规油气资源开发的生态环境影响研究

页岩油气资源的开发对生态环境会造成很大的不利影响，美国及加拿大因大规模的页岩油气开采而使当地生态环境遭到严重破坏，我国生态环境安全同样面临源于页岩油气资源开发的巨大威胁，有效降低生态环境破坏程度并保障生态系统安全已成为全球页岩油气资源开发的焦点。页岩油气开发主要采用水平钻井和多级分段水力压裂技术，钻井与压裂都需要耗费大量的淡水资源，美国平均每口井中要注入的压裂液包含的水和砂土占到 90%，达到了 1.5 万 t，而掺杂的化学药剂数量更为庞大，高达 300t[1]。

页岩油气资源富集地带地势更为复杂，波动较为剧烈，气层的埋藏较深，因此需要的水资源量更大，开发地区将会面临着严峻的水资源供应危机，同时，进行水力压裂的压裂液以返排液的形式返排到地表，有可能会对水资源造成污染，并且水力压裂在页岩中制造的裂缝有可能会造成小型的地震，重型卡车运输和矿井建设等都会损坏当地道路，破坏土地资源，一些污染性气体和温室气体的泄漏也会造成大气的污染。国外对于页岩油气的勘探开发存在着很多争议，位于美国中部平原的俄克拉何马州，在 2015 年发生了超过 900 次的 3 级以上地震，2016 年至今，更是连续爆发两次超过 5 级的地震，一些专家和环保组织将其归因于该州页岩油气开发使用的水力压裂技术，但目前还未找到有力的支撑证据。不可否认的是，页岩油气开发造成的甲烷泄漏对温室效应的贡献远超过常规油气资源，目前一些欧洲国家对页岩油气的开采仍有争论[2]。纽约州在 2016 年 12 月宣布禁止使用水力压裂法，民众和环保组织从运输、噪声、生态、安全等各方面提出了质疑[3]。

非常规油气资源开发引发的生态环境问题已成为全球非常规油气资源开发的焦点，国内外学者对页岩油气、油砂等非常规油气资源开发引起的生态环境影响进行了大量研究。王亚运等从很多具体的方面研究了页岩气勘探开发引发的环境问题，主要包括地表侵蚀、植被破坏、水资源污染、甲烷泄漏及噪声污染等[4]。余婷婷等认为页岩油气开发面临的主要环境风险源于页岩油气压裂作业过程中的压裂返排液、地层水无害化处理程序及资源开发用地与耕地之间的矛盾[5]。Daniel 等[6]认为开发页岩气资源的关键是如何管理页岩气区块开发面临的水资源和其他环境问题，包括水资源利用、废液处理/运输、压裂液的管理、城市钻井对土地的占用与破坏、开发规范问题及其他环境方面的担忧。油砂作为非常规石油资源发展的重要领域，其开发引起的水资源消耗、土地资源破坏、尾料排放及空气污染等环境问题也非常严重[7]。Robson[8]从三个方面分析油砂资源开发引起的环境污染问题：露天开采油砂扰动了大面积的土地；就地开采使用的蒸汽辅助重力泄油技术消耗了大量的水资源；数个尾矿池引起了一系列环境和社会问题，引起了当地政府的高度关注。Theriault 等[9]重点分析了加拿大油砂开发在温室气体排放管理上所面对的高风险，认为油砂温室气体问题将制约油砂资源的商业化进程。

## 8.1.2　生态环境预警模型研究

预警是指对某一系统已经发生的或者正准备发生的事情进行描述，在灾害或危险来临之前，对危机或危险状态发出预警信号，为提前进行某项决策、实施某项措施提供依据，从而最大限度避免或降低损失。页岩油气生态环境预警主要是对页岩油气开发整体过程对环境所造成的污染影响和对环境质量恶化过程的及时监测报警，从而为企业及相关部门做出及时的决策提供依据。页岩油气开发造成的环境影响主要包括空气污染、土地破坏和水资源污染等，通过国内外现有页岩气矿区的资料分析可知，页岩油气开发有可能会造成微小型的地震，为了防微杜渐，将地震作为潜在的隐患因素指标纳入页岩油气开发生态预警指标体系中。

预警模型是建设环境预警系统的重要前提，李凡修[10]将常用的环境预警数学模型归纳为情景分析模型、综合指数模型、动态系统物元预警模型和模糊综合模型等类型。刘树枫和袁海林[11]构建了环境预警系统的层次分析模型，提供了对环境预警系统关键影响因素进行分析的一种简单、实用的方法。张强等[12]认为预警模型的建立是环境安全预警的核心，并且针对环境安全多层次、多维度、动态性的特性，利用可拓集合及关联函数建立基于综合决策的环境安全预警模型。符娟林和乔标[13]利用模糊物元理论构建生态预警模型，并重点研究了预警级别、预警标准与数学模型的结合方式。乔丽[14]分别构建压力性指标动态跟踪预警模型和综合指数预警模型以组成生态预警模型，丰富了生态环境预警模型的功能。

环境预警模型主要分为指标预警、统计预警和数学模型预警三大类，统计预警是运用统计方法分析预警指标的时间序列波动规律，从而发出预警信号；数学模型预警是利用不同的数学模型对环境预警指标进行整理、计算与分析，得出预警结果，其中数学模型预警应用最为广泛。例如，层次分析模型，将定性与定量结合在一起，主要应用于区域的生态环境预警中；情景分析模型，将环境预警分为不良状态预警、恶化趋势预警和恶化速度预警，主要应用于区域在一段时间内的生态环境预警中；模糊综合模型，适用于解决多因素多指标的问题，并且将一些边界不清的指标定量化，易于解决环境系统内部不同的环境因子的模糊性问题。

### 8.1.3　生态环境预警系统研究

目前，对环境预警系统的研究尚处于探索阶段，研究主要集中于预警系统的内容、结构及与计算机技术的结合方式。生态环境预警系统应包括预警指标体系设计、预警模型构建、预警界限确定、预警结果分析及预警处理措施等部分，并且指标权重及预警界限的确定非常关键，关系到研究对象的危险状况能否正确判断[15]。张妍和尚金城[16]将环境预警系统的组织结构分为输入、处理及输出三个模块，分别对应预警系统的指标体系、数学模型及预警结论等内容。潘红磊等[17]从预警制度、环境监测体系、风险管理信息体系、环境变化趋势预测、预警标准及处置措施等方面研究了预警系统的组织结构。在预警系统与计算机技术结合领域，李侠等[18]借助 Visual Basic 6.0 实现了环境预警系统功能，李卫宁等[19]以地理信息系统（geographic information system，GIS）技术为平台结合数学模型构建了环境风险预警系统。

由于非常规油气资源开发尚处于起步阶段，世界上只有少数国家和地区实现了大规模商业化开发，如何设计适合我国非常规油气资源开发的生态预警系统是一个难题。此外，由于非常规油气资源开发对环境的影响具有高度复杂性和不确定性，预警模型如何考虑并消除环境影响的不确定性，以求真实反映生态环境破坏程度也是该研究需解决的关键问题。本项研究将针对上述问题，开展非常规油气资源开发的生态环境预警系统及模型研究。

## 8.2　非常规油气资源开发生态预警指标体系设计

### 8.2.1　资源开发生态预警影响因素分析

#### 1. 水资源消耗

在页岩油气的开采过程中需要采用与常规水力压裂不同的高压水力压裂技术，消耗大量的淡水资源[25]，这可能威胁到当地居民生活需求和区域水资源的可持续利用。经统计，一个典型的页岩油气水平钻井平台在钻探和水力压裂过程中需使用 100 万～400 万 gal（1gal=3.785×10$^{-3}$m$^3$）的水[20]，其中 50%～70%的水在这些过程中会被消耗，耗水量巨大，尤其是中国目前资源性缺水与水质性缺水并存，水资源十分紧张，盲目地开发页岩油气很可能会极大程度地影响当地水生生物的生存和捕鱼业，以及城市和工农业的正常用水等[21]，对生态环境带来负面影响，甚至加剧干旱效应。

#### 2. 土地占用与污染

由于页岩油气开发采用的关键技术是水平钻井和多级分段水力压裂技术，比常规天然气开采要占用更多的土地。通常陆上常规油气田每 10km$^2$ 不到 1 口井，而页岩油气田井数可能超过 10 口[22]，包括气井占地、配套道路、储水槽及输气设施建设等。例如，美国宾夕法尼亚州的钻井活动引发了群众对土地污染和生物多样性减少的忧虑[23]，如果开发过程中产生的废液和废气等处置不当，也会对附近土壤造成污染，引起区域土壤性质恶化和植物生理功能失调。此外，关于页岩油气开发是否会诱发地震目前还存在着争议。高压水力压裂操作中向地层大量注水，形成裂缝，可能导致深层岩石滑动，诱发地震。有研究表明，水力压裂释放的能量一般会引发 2 级以下的微地震，大多数在 1 级以下，不具有破坏性[6]。

#### 3. 地下水与地表水污染

水资源污染是页岩油气开发中后果最严重也最具争议的问题。美国 2001～2011 年间完钻页岩油气井数超过 20 000 口，多数环境评估良好[3]，但也有研究[4-5,7]指出页岩油气开采可能造成水资源污染。套管和固井缺陷会造成浅层流体泄漏，导致地下水污染，常规油气井出现这一问题的比例为 1%～3%[22]，非常规油气井出现此类问题的比例可能会高于常规油气井[24]。浅层流体泄漏和运移的原因包括：套管损伤导致流体泄漏[4-5]；固井不完善，使套管和储集层间存在流体流动空间[5]。页岩油气开发过程中，注入的压裂液和储集层高矿化度地层水是否会向上运移，直接污染地下水，是水力压裂技术争议的另一焦点。此类问题的关键在于页岩储集层和地下水的连通性，以及向上运移的驱动力。就连通性而言，目前学术界较为普遍的共识是水力压裂不会产生连通地表的裂缝。最直接的证据是微地震成像显示水力压裂产生裂缝的顶端距离地下水仍有上千米，一般页岩压裂作业层的深度在 1000m 以上，地下水深度不超过 300m[24]，裂缝的发展会受到储集层上下方不渗透岩层和压裂液滤失的限制[25]，页岩油气井附近检测到高甲烷浓度的水样中也并未监测到压裂液的成分[4]。但是理论上并不能排除天然裂缝成为运移通道的可能性。目前美国已知一例在浅层地下水中检测到压裂液成分的事故，发生在位于怀俄明州的致密砂岩气藏[26]。该地区居民水井的深度为 6~240m，储集层深度约 1000m，最浅的水力裂缝深度约 370m。可能的泄漏原因包括：储水池（至少 33 个）泄漏；天然气井完井、固井不完善；压裂施工层位和最深的居民水井水源层之间缺乏足够的垂向封隔。这一案例中致密砂岩压裂作业深度和地下水深度接近，而页岩储集层和地下水间隔上千米，它们之间发育不渗透岩层，压裂作业不会产生连通地表的裂缝。尽管如此，压裂施工的整个过程仍需要可靠的设计和监测来保证作业的安全性。不同页岩储集层的返排比例差别较大，如海恩斯维尔页岩返排比例约为 5%，巴尼特页岩和马塞勒斯页岩返排比例约为 50%[27]，四川盆地页岩气井返排比例为 15%~80%[28]。除了压裂液之外，返排水和产出水（后文统称返排水）的成分主要取决于地层水，不同储集层有所差异[29]。返排水含有高浓度的总溶解固体（total dissolved solids，TDS）、大量盐类（如 Cl、Br），还可能含有低浓度的金属元素（如 Ba、Sr）、有毒的非金属元素（如 As、Se）和放射性元素（如 Ra）。一般有毒成分的浓度和矿化度呈正相关[18,30]，由于矿化度高、污染物种类多、成分复杂，其处理难度大、成本高。规模开发阶段井数多、返排量大，如何处理这些废水是保护水资源的关键。

返排水处理过程中可能的污染途径包括：①操作过程中的地表泄漏，如蓄水池隔离层渗漏、运输途中溢漏；②返排水未经处理直接排放；③返排水处理不达标排放，一般的污水处理设施不能有效去除如卤素、重金属和放射性元素等污染物[29]。由于返排水的矿化度远高于地表水，即使很小的污染量也会恶化水质。Marcellus 页岩的返排水处理后虽然去除了 90%的 Ba 和 Ra，但排放点和下游的 Cl、Br 浓度显著高于上游[7,31]，$^{226}$Ra 的放射性强度是上游的 200 倍，超出了安全标准[7]。

### 4. 大气污染

页岩油气开发过程中不可避免地会产生甲烷和其他挥发性有机化合物，如作业用柴油机排放的污染物、开采运输中的甲烷等温室气体泄漏和地面蓄水池的有机物挥发等。与常规天然气开发一样，页岩气在开发运输及存储过程中会有甲烷泄漏到大气中，特别是在压裂液返排过程中有大量甲烷直接排入大气环境。页岩气从开发到消费的全生命周期内泄漏到大气中的甲烷量为 3.6%～7.9%，而常规气仅为 1.7%～6%[26]。Howarth 等[32]认为由于压裂液返排等过程，页岩气开采中甲烷散失比例更高，估计为单井总产量的 3.6%～7.9%，而常规天然气为 1.7%～6.0%，基于这一假设估计，页岩气开采 20 年的温室气体排放量大于常规油气和煤炭甲烷，比二氧化碳温室效应更强。从温室效应看，按照 100 年的时间来分摊计算甲烷的暖化作用，1t 甲烷造成全球暖化的威力也比二氧化碳高出 25 倍。事实上，这种算法还明显低估了甲烷的暖化作用，原因是甲烷在大气中停留的时间比二氧化碳短很多，一般只停留 10 年以内，20 年后几乎完全消失。如果按照 20 年期分摊计算，得出甲烷的温室效应比二氧化碳强 72 倍。因此，即使有很少量的甲烷排放，也会对气候变化产生不可忽视的影响。从温室气体足迹来看，页岩气远大于煤炭和石油[33]。2010 年 4 月的"天普大学第二个关于马塞勒斯页岩气开发的公开讨论会"[27]上有报告指出，页岩气开采产生的废气中有 61%的成分是对健康有害的，该镇开采地附近的许多树木因开采产生的污水和废气已经枯死或正面临死亡。

5. 地震风险

多级分段水力压裂释放的能量一般会引发 2 级以下的微地震，大多数在 1 级以下，不具有破坏性。英国[8]和加拿大[9]水力压裂引发 3 级以上地震的案例，可能与压裂前未探测到的断层有关[34]。美国页岩油气开发中检测到该地区地震活动增加，其震中位置和震源深度与高矿化度注入井接近，大于页岩压裂作业深度[35]。现有证据显示水力压裂不会引发破坏性地震[36]，但压裂作业前储集层描述存在很多不确定性，现有技术难以准确预测裂缝发展，需要进一步研究裂缝起裂和扩展的机理、注入压裂液和处理水对地应力分布和地震活动的影响。

## 8.2.2　资源开发生态环境预警指标体系设计

1. 生态环境预警指标析取方法

关于非常规油气资源开发的生态环境预警指标的析取主要有三种方法：问卷调查、访谈及相关文献资料的归纳。问卷调查法的主要调查对象可以是非常规油气资源领域相关研究学者和企业相关工作人员。访谈法基于调研的基础，寻访高校相关研究人员及参加相关学术论坛，与该领域专家进行面对面交流。本书在广泛查阅大量文献资料和对现有的非常规油气资源矿区进行调研的基础上，全面分析了非常规油气资源环境预警相关的因素，咨询了矿区专家的意见，并借鉴许多学者关于油气预警指标构建的经验，基于科学性、整体性、层次性、综合性和应用性等原则，析取了切实可行的环境预警指标。

## 2. 生态环境预警指标构建

针对整个油气资源开发过程对生态环境造成的影响，根据多方资料查阅及专家咨询，遵循科学性、整体性、层次性、综合性和应用性等原则，初步的非常规油气资源开发生态环境预警指标体系分析如图8.1所示。

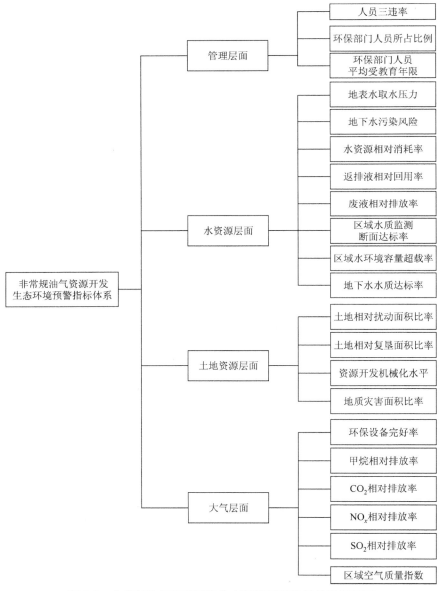

图 8.1　非常规油气资源开发生态环境预警指标体系框架图

部分非常规油气资源开发生态环境预警的指标计算公式分析如表 8.1 所示。

**表 8.1　部分指标计算说明**

| 类型 | 预警指标 | 指标计算公式 |
|---|---|---|
| 管理层面 | 人员三违率* | 发生"三违"的人数占所有人员的比例 |
| | 环保部门人员所占比例 | 环保监督人员占所有人员的比例 |
| | 环保部门人员平均受教育年限 | 环保监督人员从小学开始接受正规教育的平均年限 |
| 水资源层面 | 水资源相对消耗率* | 消耗水资源量/页岩气产量 |
| | 返排液相对回用率 | 返排液回用量/返排液总量 |
| | 废液相对排放率* | 废液排放量/页岩气产量 |
| | 区域水质监测断面达标率 | 根据 I、II、III 类水所占比例确定 |
| | 区域水环境容量超载率* | 超出水环境容量值/水环境容量 |
| | 地下水水质达标率 | 达标指标数/指标总数 |
| 土地资源层面 | 土地相对扰动面积比率* | 土地扰动面积/页岩气产量 |
| | 土地相对复垦面积比率 | 土地复垦面积/页岩气产量 |
| | 资源开发机械化水平 | 资源开发实际机械化程度与理论上机械化程度的比例 |
| | 地质灾害面积比率* | 地质灾害面积/区域面积 |
| 大气层面 | 环保设备完好率 | 完好的环保设备数量与应配备的设备数量的比例 |
| | $CO_2$ 相对排放率* | $CO_2$ 排放量/页岩气产量 |
| | $NO_x$ 相对排放率* | $NO_x$ 排放量/页岩气产量 |
| | $SO_2$ 相对排放率* | $SO_2$ 排放量/页岩气产量 |
| | 区域空气质量指数* | 即 AQI（2012 年以前为 API） |

注：其中带有*标注的为负指标

需要注意的是，本书中设计的指标体系（图 8.1）为初步的指标体系，具体应用到特定区块时，由于每个区块不一样，完全采用统一的方法并不合理。在对某一区块进行生态环境预警时，区块所在地区的地形地貌、运输条件及人文因素等都有所差异，因此，不同区块的不同预警指标所占的比例差异很大，有必要对预警指标进行筛选，从而选出适合该区块的科学合理的预警指标。

# 8.3　非常规油气资源开发生态预警模型构建

## 8.3.1　预警指标量纲处理

预警指标可以分为定性指标与定量指标。对于定性指标，通常采用一些模糊定性的语言来描述，具有较大的不确定性，无法用数值进行准确的描述，需要对其进行定量化处理，采用区间数对其进行描述。

　　对于定量指标及定性指标定量化后的指标，为使其有效反映预警指标的实际效果，消除量纲的影响，需要对其进行归一化处理，将指标值标准化到区间[0, 1]上，并根据环境预警指标的类型，按以下两种方式对其进行标准化处理。

　　（1）当预警指标为负指标，即成本型指标时，指标值越高，对目标贡献越小，对生态环境造成的不利影响越小。

　　（2）当预警指标为正指标，即效益型指标时，指标值越高，对目标贡献越大，对生态环境造成的不利影响越大。

　　具体计算流程和公式请见本书前面内容，在此不再赘述。

### 8.3.2　资源开发预警区间设计

　　非常规油气资源的开发对生态环境的影响根据不同区块的地理特点而有所区别。为进行综合定量分析与评价、提高预警模型的应用性，借鉴国外非常规油气资源开发的先进经验，参照国家及省区制定的有关生态环境标准文件及相关专家的研究资料制定环境监测标准和警报区间界限，根据环境影响因子的数值确定生态环境的状态，通过不同环境预警指标的数值可以准确确定各项指标对于生态环境的影响程度，为预警和决策提供综合和全面的信息，便于实际应用。

　　关于预警区间的设计，根据国家相关政策文件对于预警级别的划分，参考颜卫忠的方法，即确定预警的分界点，将预警级别划分为一级、二级、三级和四级，分别象征着环境破坏程度严重、较严重、一般和良好。并运用灯号显示模型的方法，将预警区间用红、黄、蓝、绿表示，如图 8.2 所示。

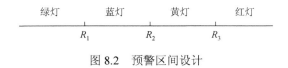

图 8.2　预警区间设计

　　当指标或指数小于或等于 $R_1$ 时，处于无警状态，以绿灯表示，表示生态环境状况良好，预警总指数越低，生态环境越理想；当指标或指数位于 $(R_1, R_2]$，处于三级预警，以蓝灯表示，表明生态环境运行正常；黄灯区间 $(R_2, R_3]$ 表明生态环境已经受到破坏，已经出现环境问题，启动二级预警，需要采取相关措施控制环境继续恶化；指标或指数大于 $R_3$ 时，启动一级预警，处于红灯区间，表明生态环境遭到严重破坏，环境状态已达到环境承载力上限，问题十分严重，需要马上采取应急方案防止环境的继续恶化。

### 8.3.3　资源开发生态预警系统界限设计

美国页岩油气的开发利用在全世界一直处于领先地位，马塞勒斯页岩油气区是美国六大页岩油气区之一，据美国能源信息署的统计结果显示其日均页岩气产量至 2014 年 7 月已超过 4.2 亿 $m^3$，占美国页岩气日均产量的 40%，这使其成为美国最大的页岩气生产盆地。马塞勒斯在长期的大规模页岩气开发实践过程中，虽然其生态环境遭受了一定程度的破坏，但政府、企业、民间环保组织及相应的环保监督机构等为当地的环境保护事业做出巨大的努力与贡献，不仅联合起来推动建立了系统的环境保护机制，还共同采取了一系列可持续发展的环保措施。总体来看，马塞勒斯页岩油气区及周围区域内的环境状态良好，环境风险处于可控状态，页岩气产业正稳定快速发展，其生态环境保护的经验值得我们学习与借鉴。环境在变化过程中存在着临界值，临界值两侧代表了环境的不同状态和发展方向，不同国家的环境法律法规反映出该国家对环境质量的具体要求。因此，本书基于文献检索，借鉴马塞勒斯页岩油气区的部分预警指标数据，参考我国的环境法律法规和环境质量标准，基于我国目前页岩气勘探开发的实际经验和非常规油气资源开发的实际情况，得出生态预警指标警戒线和预警指数的预警区间分别如表 8.2 和表 8.3 所示。

表 8.2　生态预警指标警戒线

| 生态预警指标 | 一级标准 | 二级标准 | 三级标准 |
| --- | --- | --- | --- |
| 人员三违率 | 0.03 | 0.08 | 0.20 |
| 环保部门人员所占比例 | 0.05 | 0.03 | 0.01 |
| 环保部门人员平均受教育年限 | 19 | 17 | 15 |
| 地表水取水压力 | 1.5 | 2.5 | 4 |
| 地下水污染风险 | 0.1 | 0.5 | 0.8 |
| 水资源相对消耗率 | 1.83 | 2.99 | 4.16 |
| 返排液相对回用率 | 0.90 | 0.50 | 0.10 |
| 废液相对排放率 | 0.03 | 0.08 | 0.13 |
| 区域水质监测断面达标率 | 0.6 | 0.45 | 0.29 |
| 区域水环境容量超载率 | 0.04 | 1.30 | 2.70 |
| 地下水水质达标率 | 0.85 | 0.50 | 0.30 |
| 土地相对扰动面积比率 | 0.23 | 0.48 | 0.58 |

| 生态预警指标 | 一级标准 | 二级标准 | 三级标准 |
|---|---|---|---|
| 土地相对复垦面积比率 | 0.07 | 0.023 | 0.01 |
| 资源开发机械化水平 | 98 | 90 | 80 |
| 地质灾害面积比率 | 0.03 | 0.08 | 0.10 |
| 环保设备完好率 | 0.98 | 0.90 | 0.80 |
| 甲烷相对排放率 | 0.4 | 3.26 | 11.7 |
| $CO_2$ 相对排放率 | 0.47 | 0.49 | 0.51 |
| $NO_x$ 相对排放率 | 731.31 | 803.33 | 875.35 |
| $SO_2$ 相对排放率 | 877.97 | 1215 | 1552.03 |
| 区域空气质量指数 | 50 | 200 | 300 |

**表 8.3　生态预警指数的预警区间**

| 分界点 | 预警总指数 | 管理层面指数 | 水资源层面指数 | 土地资源层面指数 | 大气层面指数 |
|---|---|---|---|---|---|
| $R_1$ | 0.32 | 0.10 | 0.28 | 0.25 | 0.36 |
| $R_2$ | 0.45 | 0.37 | 0.43 | 0.42 | 0.48 |
| $R_3$ | 0.62 | 0.54 | 0.58 | 0.61 | 0.75 |

## 8.4　本　章　小　结

　　非常规油气资源的开发对于满足各国油气需求及保障能源安全都至关重要，我国的非常规油气资源储量丰富，开发潜力巨大，在低油价的环境下仍具有较大的开发意义。然而，非常规油气资源的开发对生态环境影响颇大，进而阻碍了其大规模商业化开发。因此，有必要结合非常规油气资源产业发展的实际情况，设计非常规油气资源开发的生态预警指标体系并构建生态预警模型，同时开发生态预警系统，保障非常规油气资源开发与生态环境保护的协调发展，促进我国非常规油气资源的规模化和产业化开发。本章综合运用国内专家知识与国外先进经验定性方法和以统计学为基础的定量方法，搜集、整理、分析、描述非常规油气资源开发的生态环境数据等，以实现对非常规油气资源开发生态环境的危害动态监控，并及时预防资源开发过程中可能出现的警情为目标，建立非常规油气资源开发生态预警系统，从而真实反映并预测非常规油气资源开发的生态环境问题，并结合非常规油气资源开发生态问题的特点，有针对性地制定相应的生态环境破坏应对及预防措施。

# 参 考 文 献

[1]　秦萍，胡鹏程. 我国页岩气发展潜力以及环境影响评价[R]. 北京：中国人民大学国家发展与战略研究院，2013.

[2]　Oikonomou P D，Kallenberger J A，Waskom R M，et al. Water acquisition and use during unconventional oil and gas development and the existing data challenges：Weld and Garfield counties，CO[J]. Journal of Environmental Management，2016，181：36.

[3]　冯连勇，邢彦姣，王建良，等. 美国页岩气开发中的环境与监管问题及其启示[J]. 天然气工业，2012，32（9）：102-105.

[4]　王亚运，柯研，周晓珉，等. 页岩气勘探开发过程中的环境影响[J]. 油气田环境保护，2012，22（3）：50-53.

[5]　余婷婷，邓广东，袁勇，等. 页岩气开发面临的环保挑战及建议[J]. 油气田环境保护，2013，23（5）：56-58.

[6]　Daniel J，Brian B，Dava C. Environmental considerations of modern shale gas development[R]. 2009.

[7]　Grant J，Angen E，Dyer S. Forecasting the impacts of oilsands expansion[R]. 2013.

[8]　Robson W. Greening the oil sands[C]. Doha：World Petroleum Congress，2011.

[9]　Theriault D，Peterson J，Heinrichs H. Mitigating in situ oil sands carbon costs[J]. Society of Petroleum Engineers，2008，1（1）：110-112.

[10]　李凡修. 环境预警数学模型的研究进展[J]. 安徽农业科学，2010，38（34）：19474-19476.

[11]　刘树枫，袁海林. 环境预警系统的层次分析模型[J]. 陕西师范大学学报（自然科学版），2001，(S1)：132-135.

[12]　张强，李兴森，薛惠锋，等. 基于可拓决策的环境安全预警模型及应用——以陕西省为例[J]. 管理评论，2011，23（4）：39-46.

[13]　符娟林，乔标. 基于模糊物元的城市化生态预警模型及应用[J]. 地球科学进展，2008，23（9）：990-995.

[14]　乔丽. 矿区生态文明评价及预警模型研究[J]. 再生资源与循环经济，2011，（4）：34-40.

[15]　连飞. 中国经济与生态环境协调发展预警系统研究——基于因子分析和 BP 神经网络模型[J]. 经济与管理，2008，22（12）：8-11.

[16]　张妍，尚金城. 长春经济技术开发区环境风险预警系统[J]. 重庆环境科学，2002，24（4）：22-24.

[17]　潘红磊，李巨峰，杜卫东，等. 环境预警系统的类型和构成[J]. 油气田环境保护，2009，19（1）：33-36.

[18]　李侠，韩景元，贾建和. 基于 VB 平台的石家庄市可持续发展环境预警系统研究[J]. 河北科技大学学报，2007，28（1）：74-81.

[19]　李卫宁，卢远，赵银军，等. GIS 与数模支持下的油气田环境风险预警系统研究[J]. 安全与环境学报，2012（1）：107-110.

[20]　余黎明，王玉川，夏永强. 合理开发利用我国页岩气资源的途径分析[J]. 化学工业，2014，（Z1）：8-13.

[21]　夏玉强. Marcellus 页岩气开采的水资源挑战与环境影响[J]. 科技导报，2010，（18）：103-110.

[22]　滕吉文，刘有山. 中国油气页岩分布与存储潜能和前景分析[J]. 地球物理学进展，2013，28（3）：1083-1108.

[23]　田磊，刘小丽，杨光，等. 美国页岩气开发环境风险控制措施及其启示[J]. 天然气工业，2013，（5）：115-119.

[24]　邹才能，董大忠，王玉满，等. 中国页岩气特征、挑战及前景（一）[J]. 石油勘探与开发，2015，42（6）：689-701.

[25]　张东晓，杨婷云. 页岩气开发综述[J]. 石油学报，2013，34（4）：792-801.

[26]　张东晓，杨婷云. 美国页岩气水力压裂开发对环境的影响[J]. 石油勘探与开发，2015，（6）：801-807.

[27]　Jenner S，Lamadrid A J. Shale gas vs. coal：policy implications from environmental impact comparisons of shale gas，conventional gas，and coal on air，water，and land in the United States[J]. Energy Policy，2013，53（1）：442-453.

[28]　董大忠，高世葵，黄金亮，等. 论四川盆地页岩气资源勘探开发前景[J]. 天然气工业，2014，34（12）：1-15.

[29] 李小敏，史聆聆，马建锋，等. 我国页岩气开发的环境影响特征[J]. 环境工程，2015，33（9）：139-143.

[30] 钱伯章，李武广. 页岩气井水力压裂技术及环境问题探讨[J]. 天然气与石油，2013，31（1）：48-53.

[31] 孟庆峰，侯贵廷. 阿巴拉契亚盆地 Marcellus 页岩气藏地质特征及启示[J]. 中国石油勘探，2012，17（1）：67-73.

[32] Howarth R W，Santoro R，Ingraffea A. Methane and the greenhouse-gas footprint of natural gas from shale formations[J]. Climatic Change，2011，106（4）：679.

[33] 滕吉文，刘有山. 中国页岩气成藏和潜在产能与对环境的污染分析[J]. 中国地质，2013，40（1）：1-30.

[34] 吴馨，任志勇，王勇，等. 世界页岩气勘探开发现状[J]. 资源与产业，2013，15（5）：61-68.

[35] Chen H，Carter K E. Water usage for natural gas production through hydraulic fracturing in the United States from 2008 to 2014. [J]. Journal of Environmental Management，2016，170：152.

[36] 刘艳艳，刘大伟，刘永良，等. 水力压裂技术研究现状及发展趋势[J]. 钻井液与完井液，2011，28（3）：75-78.

# 第9章　非常规油气资源投资决策研究前景

## 9.1　投资决策研究主要观点

通过本书的研究，得出的主要观点有以下五个方面。

（1）非常规油气资源是目前最现实和最具有发展潜力的可替代能源，其勘探开发对于提升国家能源安全具有重要的战略意义，日益受到政府和企业的高度关注。我国非常规油气资源勘探开发尚处于初级阶段，其勘探开发投资决策好坏已经成为制约我国非常规油气能否实现规模化和产业化的关键问题。然而，由于非常规油气资源的地质资源属性和开采方式，以及产油气规律与常规油气资源有着较大区别，原有的常规油气资源勘探开发投资决策模型和方法已不再适用。因此，如何根据油价、环境要求、技术进步及非常规油气资源属性特征，制定出科学合理的投资决策方案，尽快促使非常规油气资源开发的商业化具有重要的现实意义。

（2）非常规油气资源属性、开采方式特殊性及对技术进步、环境要求和税收补贴政策等的严重依赖性，要求其决策方案能随着外界变化进行动态调整。然而，在油价难以估测、生产成本难以衡量、技术进步的影响难以量化、环境保护要求日益严格等情况下，其勘探开发投资决策充满了高度的不确定性，它属于不确定条件下的多阶段、多目标、多属性的决策优化问题。除了要研究解决勘探开发投资决策方案（未来油气资源的接续方向、勘探和开发活动投资分配、勘探投资方向和次序、开发区块和开发项目优选）的抉择问题之外，还需要研究方案适应环境的动态调整性。目前在常规油气中普遍采用的基于人工经验和静态的处理方法已不能满足非常规油气资源投资决策方案的动态性、复杂性和不确定性，其决策方案的科学性和有效性亟待加强。因此，如何综合利用各种方法和途径建立非常规油气资源勘探开发投资决策优化模型，提升非常规油气资源勘探开发投资决策的科学性、合理性和有效性是石油企业管理决策者的重要职责。

（3）非常规油气勘探开发投资决策是一个复杂的系统工程，其勘探开发投资结构的长期优化研究和勘探开发投资的内部优化研究是非常规油气投资决策的关键，一系列相关决策问题呈现递阶结构特征。第一层非常规油气资源勘探开发投资规模确定是一个序贯决策问题，石油企业需要每年根据决策结果及获取的最新信息进行投资预算的调整；根据确定的勘探开发投资金额，可以在非常规油气资源勘探和开发活动间进行资源分配，资金分配是否科学合理直接影响非常规油气储量和产量的实现，是一个典型的多目标动态优化决策问题；勘探投资规模一旦确定，接下来的勘探投资方向和投资优先次序确定就提上日程，它是一个复杂的区间数动态多属性决策问题，与此同时，开发区块的优选和开发项目的优化组合也是进行开发投资决策时的一个重要议题。

（4）如何从不同的区块中优选出最具有商业开采价值的区块进行勘探投资，从而明确勘探投资的方向和次序，是目前研究的热点和难点。非常规油气区块开采是否具有商业价值意义，除了考虑区块本身蕴含的原始地质储量之外，还需要考虑其埋藏深度、不同阶段产油气规律、水资源消耗、环境保护投入、道路建设和管道铺设等基础设施投资情况，是一个典型的不确定条件下的动态多属性决策问题，可利用多属性决策和动态决策方法对非常规油气区块优选问题进行形式化描述，创新区块优化决策方法，为尽早促使非常规天然气商业化和产业化开发开辟一种新的方法和途径。然而，由于非常规油气资源的连续分布性特征，我们无法准确探测蕴含区域上的每一寸土地，其储量和产量带有很大的不确定性，这给整个区块优选工作带来很大的挑战。另外，我国石油和天然气的价格还没有实现市场化，石油企业实现完全意义上的商业化开发也带来较大的不确定性。因此，得出的结果可能会比实际乐观，也有可能悲观。

（5）一般对于国有大型石油企业来说，其开发投资决策是一个不确定条件下的多阶段多目标决策问题，不但要考虑投资收益和风险等问题，还应考虑社会环境效益及肩负的国家能源责任；而对于另外一些石油企业来讲，其终归是商业化的公司，多注重投资收益最大化和风险的最小化，关注哪一个或几个区块的开发对企业最为有利，是一个多阶段投资组合优化问题。石油企业要求在投资规划时应考虑到投资策略的灵活性调整，依据不同年度所处的状态和最新信息重新评估投资水平，及时调整开发投资组合优化方案，尽可能地降低非常规油气资源开发中的非系统性风险，以对这种固有的不确定性做出快速反应。由此，管理层必须根据已掌握的最新勘探开发数据等及时调整年度投资预算，权衡非常规油气资源开发存在的收益和风险，并根据不同区块展现的未来收益情况等调整投资分配方案，以实现区块间开发资金的科学合理分配。然而，因无法准确衡量技术进步带来的影响，本书构建的模型中并没有考虑技术进步带来的产量和收益提升、成本和风险降低及环境破坏力度减小等因素，得出的结果比实际情况要悲观些。因此，下一步可以借鉴美国页岩气、加拿大油砂成功开发经验，利用学习曲线来衡量技术进步给非常规油气资源开发投资所带来的影响，以便决策更为科学和合理。

## 9.2　本书研究特色

本书在对非常规油气资源勘探开发投资决策问题的形式化表述、投资决策优化方案的科学性和有效性生成，以及决策方案的动态性调整等方面做了探索和研究，提出了创新性的解决方法和途径，取得了相应的创新成果。这些成果如果配合当年油价波动起伏状况、现场勘探开发实际情况及现场专家的知识经验判断等，则可以辅助石油企业做出科学合理的投资决策，尽早促使我国非常规油气资源实现规模化和商业化开发。具体的特色之处可以归纳为以下三点。

（1）融合控制论、系统论和决策科学等理论与方法，提出利用分层递阶结构方法研究不确定条件下非常规油气资源勘探开发投资的多阶段、多目标、多属性决策难题，创新问题分解与求解的分合相辅机制，为复杂的整体投资决策优化问题研究提供一种新的思路。

结合非常规油气资源勘探开发投资决策过程特点，根据分层递阶控制思想和结构化分析方法而提出的分层递阶结构研究方法，可以把非常规油气资源勘探开发整体投资决策问题划分为一系列相对独立又相互联系的序列投资决策子问题，并集成在一个系统框架内进行研究，从而促使勘探开发投资决策问题能够实现一体化集成研究，克服了以往勘探和开发投资决策"两张皮"现象，为石油企业科学投资决策创造了条件，提高了投资决策整体优化和局部优化、长期目标和短期目标的协调统一。

（2）研究复杂决策优化问题的形式化表达方法，提出利用分解-协调的方法来构建非常规油气资源勘探开发投资决策优化模型，创新勘探开发投资决策问题整体优化和局部优化协调统一的建模途径，为复杂决策优化模型的构建和求解提供一种新的方法。

本书利用分解-协调思想，将动态规划、多属性决策、多目标优化决策和现代投资组合理论相结合，首次建立勘探开发投资各子问题的数学模型以进行各层次投资决策问题的优化，然后通过协调作用，实现投资决策问题的整体优化，即"合零为整"，得以把非常规油气资源勘探开发投资决策问题进行形式化表述并创新复杂投资决策优化研究方法。从而避免传统递阶决策问题构建大小嵌套模型且最终因其变量维数的巨大和约束条件的众多等而难以求解的局面，为解决非常规油气资源勘探开发投资决策难题开辟新思路和新途径。

（3）提出递阶决策问题的逻辑结构求解方法来解决非常规油气资源勘探开发序列投资决策模型复杂性问题，并改进传统的动态规划逆序解法，为复杂优化问题的求解提供一种有效的算法。

本书利用提出的递阶决策问题的逻辑结构求解方法，把勘探开发序列投资决策的复杂数学模型问题划分为一系列决策问题的数学模型进行求解以简化这种复杂问题的结构，再利用序贯式算法的求解思路，根据所求解子问题优先级的先后次序依次进行模型求解，使复杂的数学模型转化为层层递进的相对简单的决策子问题模型进行求解，得以"化整为零"，避免了问题建模和求解的复杂性，从而深化不确定条件下多阶段、多目标、多属性决策问题的求解。同时，利用改进的逆序解法，把决策者的风险偏好融入其中，解决了现有动态规划求解方法不能有效结合专家知识和经验及投资者风险偏好的问题，可以更好地提高投资决策生成方案的科学性、有效性和实用性。

# 9.3　未来研究展望

非常规油气资源勘探开发投资决策是一个复杂的优化问题，特别是在石油企业规模大、涉足非常规油气资源领域广泛，以及勘探开发地质和环境条件异常复杂的情况下，模型构建的工作量就非常大，决策方案无法实时生成。尽管本书利用有关理论和方法对该决策问题进行了形式化表述，并尽可能地实现投资决策方案的动态调整，但却不能提供非常规油气开发全生命周期内的最优化投资方案，专家的知识和经验也没有完全实时地融合进去。因此，该领域仍有许多工作需要进一步的深入研究。

1）油气价格波动对投资决策方案的影响分析

鉴于非常规油气资源勘探开发投资效益对石油和天然气价格的严重依赖性、石油价格的难以预测性及我国天然气价格的非完全市场化，下一步可考虑利用模拟方法和理论进行投资决策模型的构建并开发相应的软件系统进行模拟，以深入分析油气价格波动对非常规油气资源勘探开发投资决策方案的影响，进一步提高投资决策方案生成的动态性和科学性。

2）人工智能在投资决策方案生成中的应用

鉴于非常规油气资源勘探开发投资决策中专家知识和经验的重要性，完全采用定量分析方法来研究无法体现现场勘探开发的复杂性和不确定性，可考虑利用人工智能，以在线自动生成投资决策方案为突破口，进行投资决策数学模型的自动生成方法研究，从而提高复杂、大规模非常规油气资源勘探开发投资决策问题的建模与求解效率。借鉴人的经验，运用控制策略来缩减求解空间，舍去较差的方案，找出较好的投资决策方案，提高优化理论解决动态问题的有效性和自适应能力，这是本书后续研究的一个科学问题。

借鉴石油企业得出投资决策方案的定性求解思路和经验，引入人工智能中的启发式搜索策略，在数学模型映射为仿真模型前就利用控制策略缩减问题的解答空间，舍弃明显的劣解空间而引导优化算法的搜索方向，使最终的决策响应不断地得到改进，从而实现决策过程的优化，为求解复杂决策优化问题提供一种新思路。通过设计开发相应的软件系统以解决模型过于复杂，管理者不便于使用的问题，为求解非常规油气资源勘探开发投资决策难题创立由计算机在线生成投资决策方案的新方法，使决策人员在仿真模拟条件下可以根据内外部环境条件变化分析、调整和优化投资策略和方案，并为化解 NP-hard 这一复杂问题提供新方法。

3）非常规油气资源勘探开发投资决策的仿真优化集成模型研究

从理论上来讲，可以把非常规油气资源勘探开发投资决策问题形式化为一个复杂的整体数学模型，建立的该模型是多阶段、多目标、多属性的，利用目前的算法很难求解或不能得出解析解，可融合运筹学、决策科学、仿真理论与人工智能等学科理论，实现"原始系统数学模型→仿真系统数学模型和智能求解→整体决策优化"这一投资决策问题的研究。运筹学以建立优化数学模型的定量分析见长，而系统仿真善于处理难以用解析方法求解的优化问题，本书将二者优势互补得以实现难以求解的数学模型映射为计算机所接受并能在计算机上运行的仿真模型，同时融合石油企业制定投资方案时的思路和优秀经验做法以提高仿真优化模型的求解效率和质量。让决策者在仿真环境下进行方案的调整并"观察"不同投资方案产生的效果，使建立的仿真优化模型能够高效地进行仿真试验，由计算机在决策者"指引"下自动实现投资决策方案的生成、分析和修正并不断调整直至找出满意方案，从而提高页岩气勘探开发投资决策方案生成的科学性、实用性和动态性，为非常规油气资源投资等复杂问题的优化决策提供有效的方法和手段，并有助于深化仿真与优化的融合。